Steve Nison

Technische-Analyse-Strategien mit japanischen Candlesticks

TECHNISCHE ANALYSE STRATEGIEN MIT JAPANISCHEN CANDLESTICKS

STEVE NISON

FBV

Bibliografische Information der Deutschen Nationalbibliothek
Die Deutsche Nationalbibliothek verzeichnet diese Publikation in der Deutschen Nationalbibliografie; detaillierte bibliografische Daten sind im Internet über **http://d-nb.de** abrufbar.

Für Fragen und Anregungen:
nison@finanzbuchverlag.de

1. Auflage 2012

ein Imprint der Münchner Verlagsgruppe GmbH
Nymphenburger Straße 86
D-80636 München
Tel.: 089 651285-0
Fax: 089 652096

Übersetzung: Hermann Englert
Lektorat: Silke Grauenhorst
Satz: Georg Stadler, München
Druck: CPI – Ebner & Spiegel, Ulm

ISBN Print 978-3-89879-660-6

Weitere Informationen zum Verlag finden Sie unter
www.finanzbuchverlag.de
Beachten Sie auch unsere weiteren Imprints unter
www.muenchner-verlagsgruppe.de

Inhalt

Vorwort des Verlegers

Sie halten gerade mehr in Händen als nur ein Buch. Wie eine Landkarte kann dieses Werk zwar nur ein Bild der Reise vermitteln, aber trotzdem geht sein Wert weit über die Buchdeckel hinaus. Dank moderner Technik eröffnet es Ihnen eine umfassende Lernerfahrung. Sie profitieren davon, dass wir mit dem Autor und unseren Partnern unablässig nach neuen Möglichkeiten suchen, die didaktischen Chancen neuer Medien in der realen Welt zu nutzen. Das Ergebnis finden Sie in diesem Lehrbuch: anwendbares Wissen für die heutigen Märkte. Machen Sie am Ende jedes Kapitels die Tests (Lösungen auf S. 224). So ziehen Sie den größten Nutzen aus dem vorliegenden Werk.

Wenn Sie ernsthaft alles über das Trading lernen wollen, haben Sie vermutlich schon viel Geld für Vorträge und Fachveranstaltungen ausgegeben. Jedes Mal wenn Sie dann von einer teuren, strapaziösen Reise heimkehren, müssen Sie Informationen zu zahlreichen, oft komplizierten Theorien und Strategien verarbeiten. Wenn Sie daran zurückdenken, was Sie bei den jüngsten Vorträgen gehört haben, wünschen Sie möglicherweise, Sie könnten wegen eines Fachausdrucks nachfragen oder sich noch einmal eingehender mit einem bestimmten Konzept befassen.

Damit stehen Sie nicht allein. Die meisten Teilnehmer nehmen das Wissen, das in langen, kostspieligen Vortragsreihen auf sie einströmt, nur bruchstückhaft auf. Hoffnungsfroh notieren sie seitenweise die allerwichtigsten Punkte. Für Menschen mit fotografischem Gedächtnis mag ein visuell ausgerichteter Vortrag geeignet sein – aber für die meisten besteht der didaktische Königsweg in der Kombination von geschriebenem Text und visueller Darbietung, auf die sie je nach Bedarf dank unseres Online-Angebots zugreifen können.

Marketplace Books möchte Ihnen diesen Königsweg eröffnen. Seit mehr als 15 Jahren setzen wir alles daran, Tradern möglichst leicht zugängliches, praxisnahes Wissen zu vermitteln, mit dem sie am Markt Erfolg haben.

Seien wir ehrlich: Es erfordert Zeit und Einsatz, ein guter Trader zu werden. Zu lernen, wie man Charts liest, Indikatoren auswählt und Muster erkennt, ist nur der Anfang. Wie es Ihnen als Trader ergeht, hängt davon ab, ob Sie möglichst umfassende Fähigkeiten und ein weitreichendes Verständnis für dieses Metier entwickeln.

Das vorliegende Lernmaterial soll Ihnen genau die Hilfe bieten, die Sie benötigen, um die Candlestick-Technik zu meistern und so letztendlich jene finanzielle Zukunft zu sichern, die Sie sich wünschen.

Weitere erfolgreiche Tradingstrategien und -methoden aus dieser Reihe finden Sie auf www.traderslibrary.com/TLEcorner.

Wir wünschen Ihnen wie immer allen Erfolg!

Chris Myers

Präsident & Inhaber

Marketplace Books

Wie Sie dieses Buch nutzen

Das Buch vermittelt Ihnen lukrative Tradingstrategien. Dabei ist das Ganze in der Tat mehr als die Summe seiner Teile. Den größten Nutzen ziehen Sie aus dieser Lernerfahrung, wenn Sie:

Das Buch lesen

Im Buch lernen Sie Taktik und Methoden von Steve Nison genau kennen. Zusätzlich verankern ein Selbsttest zum Lernerfolg, ein Stichwortverzeichnis und Definitionen der wesentlichen Begriffe das Wissen so, dass Sie es in die Praxis umsetzen können.

Die Trader-Prüfungen ablegen

Nachdem Sie das Buch durchgearbeitet haben, testen Sie Ihr Wissen. Machen Sie am Ende jedes Kapitels die Prüfungen (Lösungen auf Seite 224). Auf www.traderslibrary.com/TLEcorner können Sie zudem ergänzende Materialien zu diesem und anderen Büchern einsehen. Wenn Sie die Trader Education Corner zum ersten Mal besuchen, müssen Sie einen Benutzernamen und ein Passwort anlegen – dies ist kostenlos.

Geld verdienen

Wenn Sie die Konzepte und Strategien gefunden haben, die am besten zu Ihrem Tradingstil, Ihrer Persönlichkeit und den von Ihnen gehandelten Instrumenten passen, ist der nächste Schritt klar: Gewinn machen!

Über den Autor

Steve Nison war einer der Ersten, der die Geheimnisse der japanischen Candlestick-Charts weltweit bekannt gemacht hat. Er gilt als die führende westliche Autorität auf diesem Gebiet und ist der Autor der beiden internationalen Bestseller *Japanese Candlestick Charting Techniques* und *Beyond Candlesticks.*

Nisons Texte sind in Finanzpublikationen rund um die Welt erschienen, unter anderem im Wall Street Journal, Barron's, Worth Magazine und Institutional Investor. Er ist zudem ein gefragter Redner und hat vor Maklern, Analysten, institutionellen Händlern und aktiven Onlinehändlern weltweit über seine Tradingstrategien referiert. Im Jahr 1997 gründete er Nison Research International, das individuelle Beratung sowie Präsenz- und Onlineseminare zum Thema technische Analyse anbietet. Zuvor war Nison Senior Vice President bei Daiwa Securities und leitender technischer Analyst bei Merrill Lynch.

Die im Buch verwendeten Charts stammen von Aspen Graphics (www.aspenres.com) und Quicken Quotes Live.

Einleitung

Ein japanisches Sprichwort besagt: „Ein kluger Falke versteckt seine Krallen.“ Über hundert Jahre lang waren die Krallen der japanischen technischen Analyse und damit die Candlesticks vor dem Westen verborgen. Ich freue mich, Ihnen dieses fernöstliche Geheimnis näherzubringen und Sie bei der Entdeckung zu begleiten. Plakativ ausgedrückt haben Kerzendiagramme die technische Analyse revolutioniert, und sie zählen heute zu den weltweit am häufigsten eingesetzten Charts. „Japanische Candlesticks leuchten Tradern den Weg“, schrieb das Wall Street Journal, und bei Investors' Library hieß es im gleichen Tenor: „Ob Sie Daytrader sind oder längerfristig handeln: Candlesticks sind ein Muss.“

Apropos, nicht nur die Medien lieben Kerzenchart-Analysen. Meine Bücher verkaufen sich seit Jahren ausgezeichnet, weil Tausende Trader Candlesticks für sich entdeckt haben. Auch Hunderte Finanzpublikationen und Webseiten sind auf Kerzencharts gekommen. Vor einiger Zeit arbeitete ich mit Quicken Quote, und mein zehnjähriger Sohn fragte mich: „Gibt es da Candlesticks?“ „Ja“, antwortete ich, und er sagte: „Ohne dich gäbe es keine Candlestick-Charts, Papa.“

Das ist allerdings nicht ganz wahr. Die Kerzenchart-Analyse wurde viele Hundert Jahre vor meiner Zeit in Japan entwickelt. Trotzdem freute ich mich über das Kompliment meines Sohnes – und in der Tat waren diese unglaublichen Analysewerkzeuge im Westen nahezu unbekannt, bevor ich das erste Mal über sie schrieb. In der Tat: Seit etwa 1900 wurden in der westlichen Welt traditionell ausschließlich Balkendiagramme und Point-and-Figure-Charts verwendet. Erst Ende der 1990er-Jahre stellte ich Candlesticks auf unserer Seite des Globus vor, und inzwischen haben sie sich zu einer elementaren, weitverbreiteten Chartform entwickelt. Das beweist aus meiner Sicht, wie nützlich sie sind.

Meine Prognose lautet, dass Candlestick-Charts für Sie zum wesentlichen Instrument der technischen Analyse werden. Dabei besteht kaum Zweifel, dass Markttechnik wichtig ist, denn nur durch sie lässt sich die emotionale Gesundheit des Marktes abschätzen. Preise werden durch zwei Arten von Einflüssen bestimmt: rationale und emotionale Faktoren. Wie oft haben Sie es erlebt, dass sich der Markt bewegte, ohne dass sich die Fundamentaldaten veränderten? Je länger der Investmenthorizont ist, desto wichtiger sind fundamentale Größen. Betrachtet man jedoch kürzere Zeiträume, gewinnen technische Verfahren mehr Bedeutung. Der Einfluss von Emotionen auf den Preis lässt sich nur durch die Analyse der Preisentwicklung erfassen – sprich: durch die Untersuchung von Charts auf Preismuster und Signale.

Fundamentaldaten untermauern den rationalen Teil Ihrer Investmententscheidungen, aber sie ignorieren emotionale und psychologische Motive dafür, dass sich Preise auf kurze Sicht bewegen. Jesse Livermore, der berühmte, Anfang des 20. Jahrhunderts aktive Trader, pflegte zu sagen, dass die Natur des Menschen immer gleich bleibt. Die Akteure wechseln, es gibt neue Technik, aber der Markt an sich ändert sich nie. Wie sollte er auch? Er wird von menschlichen Emotionen getrieben – nicht von Vernunft, den Regeln der Volkswirtschaft oder gar Logik.

Ein Beispiel soll dies verdeutlichen: In den 1990er-Jahren legte der Preis von Soja auf dem Parkett der Chicago Board of Trade wegen anhaltender Trockenheit massiv zu. Plötzlich liefen ein paar Tropfen Wasser am Fenster herunter. „Seht“, rief jemand, „es regnet!“ Die Tropfen wurden zum stetigen Tröpfeln, und dann begann es zu schütten. Es regnete im Zentrum Chicagos. Der Sojapreis begann zunächst langsam zu sinken, dann brach er ein. Es regnete tatsächlich, aber in Chicago werden überhaupt keine Sojabohnen angebaut. Und im Herzen des Anbaugebiets etwa 300 Meilen südlich von Chicago war der Himmel immer noch blau, sonnig und völlig trocken. Doch obwohl auf den Sojafeldern kein Tropfen fiel, regnete es in den Köpfen der Händler – und das zählte. Trader interessieren sich nur für das, was den Markt bewegt. Emotionen sind hier von großer Bedeutung, und der Gefühlszustand des Marktes lässt sich nur durch technische Analyse ermessen.

Kerzendiagramme vermitteln Ihnen Einblick in die Psychologie des Marktes. Aber auch für fundamental orientierte Investoren bietet die Markttechnik Vorteile, und zwar bei der Suche nach Substanzwerten. Welches Unternehmen wählen Sie, wenn mehrere Werte für ein Investment infrage kommen? Was verkaufen Sie, wenn Sie eine Position zurückfahren wollen? Sie veräußern die Aktien, die in einer Widerstandszone notieren. Für mich hilft hier eine Hand der anderen: Die technische Analyse ergänzt die fundamentale Sicht. Dazu kommt, dass viele Trader und Investoren heute Diagramme nutzen, sodass die Charttechnik selbst einen bedeutenden Einfluss auf die Märkte gewonnen hat. Und alles, was den Markt bewegt, verdient Aufmerksamkeit.

Diese Auffassung ist nichts Neues. In der von mir beauftragten Übersetzung eines Buches mit dem verrückten Titel „Die Quelle des Geldes – Bemerkungen der drei Affen zum Geld“ ist zu lesen: „Wenn alle mit fallenden Kursen rechnen, besteht Grund für einen Preisanstieg. Wenn alle mit steigenden Kursen rechnen, herrschen die Voraussetzungen für fallende Preise.“ Wenn das nicht nach Contrarian-Strategie klingt! Dabei wurde das Buch 1755 verfasst. Um das historisch einzuordnen: In Japan war antizyklisches Investieren bekannt, bevor die USA als Nation entstanden. In der Tat handelten die Japaner mit sogenannten leeren Reiskontrakten, die nichts anderes darstellten als die ersten Termingeschäfte. Hier wurden erstmals Kursdiagramme eingesetzt. Die Kontrakte wurden in Osaka gehandelt, einem so bedeutenden wirtschaftlichen Zentrum, dass der traditionelle Gruß dort noch heute „Verdienst du Geld?“ lautet.

In einem Artikel über meine Arbeit in der führenden japanischen Wirtschaftszeitung Nihon Keizai Shimbun heißt es: „Es genügt nicht, die japanische Chartmethode zu kennen. Es gilt, auch die besten Elemente der westlichen technischen Methoden zu übernehmen.“ Die Japaner besitzen Candlesticks, aber sie kennen zusätzlich die gesamte westliche Charttechnik. Japanische Analysten und Trader nutzen also ihre Kerzen – die technischen Verfahren des Ostens – und westliche technische Analysen zugleich. Jetzt sind wir an der Reihe, von ihnen zu lernen und das nach meiner Meinung jeweils Beste aus Ost und West zu vereinen.

1. Grundlagen: Die Konstruktion von Candlesticks

Mein Unternehmen setzt eine exklusive Tradingstrategie ein: die Trading-Triade. Ich vergleiche Trading gerne mit einem dreibeinigen Hocker. Was geschieht, wenn dem Hocker ein Bein fehlt? Er fällt um. Genauso verhält es sich mit der Trading-Triade, dargestellt in Abbildung 1.1.

Das erste Bein ist das Fundament in der Candlestick-Analyse: das Zeichnen des Diagramms mit der jeweiligen Kursentwicklung, den erkennbaren Mustern und Trends sowie daraus ableitbare Informationen über die Marktdynamik. Die zweite Säule entspricht der Analyse der Daten aus der westlichen Markttechnik. Aus meiner Sicht können Candlestick-Charts andere technische Methoden und selbst die westlichen Balkendiagramme nicht ersetzen. Man benötigt nach wie vor vier Preisinformationen: den Eröffnungskurs, Hoch und Tief sowie den Schlusskurs. Diese sind umso wertvoller, wenn sie mit Trendlinien und gleitenden Durchschnitten kombiniert werden. Bei der dritten Stütze schließlich geht es darum, wie sich dieses Wissen nutzen lässt, um das Risiko zu senken und Ihre investierten Mittel zu schützen.

Vielleicht haben Sie schon einmal den Spruch gehört, dass ein Schiff im Wasser untergehen oder schwimmen kann. Diese Weisheit gilt in vielen Fällen – auch dafür, wie Kerzencharts angewendet werden. Sie eignen sich dazu, den richtigen Zeitpunkt zum Kauf und Verkauf zu bestimmen, bieten aber noch viel mehr. Candlesticks lassen sich auch dazu nutzen, Risiko zu managen und zu begrenzen, und fundiertere Portfolioentscheidungen zu treffen. Dort liegt der wahre Wert der Candlestick-Methode.

Candlestick-Muster zeigen exakte Trendumkehrpunkte oder „Reversals" an. Dabei umfassen die Muster jeweils eine, zwei oder drei Kerzen. Auf einem Balkendiagramm identifiziert man Umkehrpunkte anhand langfristiger Trendlinien oder gängiger technischer Signale wie der bekannten Schulter-Kopf-Formation. Während Candlestick-Muster vor einem Reversal sicherlich ein deutlicheres Signal liefern, sollten Sie daran denken, dass das übergreifende technische Muster und der Trend mehr Aussagekraft besitzen als jede Kerze.

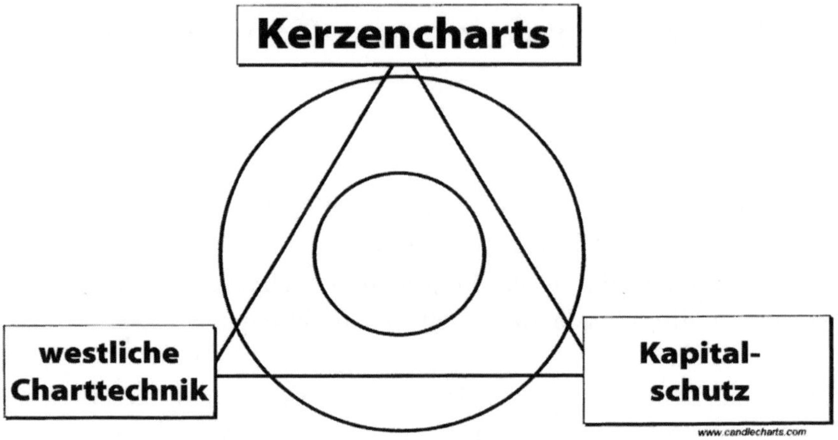

Abbildung 1.1: Die Trading-Triade

So entdecken Sie möglicherweise ein deutliches Candlestick-Muster, aber wenn es sich ausgebildet hat, ist es für eine Reaktion zu spät. Wichtig ist dabei, dass Kerzendiagramme dazu beitragen, das Timing Ihrer Trades zu verbessern. Dies gilt für jeden Zeitrahmen und bei allen Marktbedingungen.

Abbildung 1.2 zeigt ein typisches Balkendiagramm. Denken Sie beim Betrachten daran: Ein Kerzenchart wird aus genau denselben Daten erstellt wie die Balkengrafik, und ich habe daher die in der Balkengrafik dargestellten Werte in das Candlestick-Diagramm in Abbildung 1.3 übersetzt.

1.1 Die Kerzendarstellung

In der Kerzennotierung werden die Informationen verwendet, die auch im Balkenchart enthalten sind, ergänzt um eine dritte Dimension. Der senkrechte Balken des Diagramms wird durch ein Rechteck ersetzt, das nach oben und unten durch Tageshöchst- und -tiefstkurs begrenzt wird. Dazu kommen Linien, die über und unter den Kerzenkörper ragen.

Abbildung 1.2: Balkendiagramm

Abbildung 1.3: Candlestick-Diagramm

Balkendiagramme werden auch als OHLC-Charts bezeichnet. Bei diesen einfachen Preischarts wird der Abstand zwischen Tageshöchst- und -tiefstkurs als vertikale Linie oder Strich dargestellt. Der Eröffnungskurs wird durch einen kleinen waagerechten Strich nach links angezeigt, der Schlusskurs durch einen Strich nach rechts.

In einem **Candlestick-Chart** werden Tage mit steigenden Kursen als weißes Rechteck dargestellt, Tage mit fallenden Kursen als schwarzes Rechteck. Obere und untere Kante des Kerzenkörpers entsprechen dem Eröffnungs- bzw. Schlusskurs, die dünnen Linien unter- und oberhalb reichen bis zum Tagestiefst- und höchstkurs.

Die vertikalen Maße entsprechen also denen des Balkens aus dem Balkenchart. Zusätzlich sind die Kerzen-Rechtecke jedoch weiß oder schwarz. Die weißen Kerzen zeigen Tage mit steigendem Preis an (Schlusskurs über dem Eröffnungskurs), schwarze Exemplare Tage mit fallendem Kurs (Schlusskurs unter dem Eröffnungskurs).

Die Bezeichnung „Kerze" kommt daher, dass über dem Rechteck ein „Docht" stehen kann, unter dem Rechteck eine „Lunte". Jeder Abschnitt der Kerze besitzt einen anschaulichen Namen. Das (weiße oder schwarze) Rechteck wird als „Körper" bezeichnet, da seine obere und untere Kante Eröffnungs- bzw. Schlusskurs abbilden.

Als **Körper** wird das von Eröffnungs- und Schlusskurs begrenzte Rechteck bezeichnet, das alle Preise ober- und unterhalb ausklammert.

Die über den Körper hinausragenden Linien werden oberer Schatten bzw. unterer Schatten genannt. Wenn der Eröffnungspreis beispielsweise bei 32,10 Dollar liegt und der Schlusspreis bei 34,00 Dollar, entspricht die Veränderung im Körper 1,90 Dollar. Während des Handelstages könnte der Kurs jedoch auf bis zu 35 Dollar je Aktie geklettert und auf 32 Dollar gefallen sein. In diesem Fall hätte die Kerze einen oberen und unteren Schatten.

Der **obere Schatten** stellt die Preisspanne zwischen Eröffnungs- und Tageshöchstkurs einer schwarzen bzw. Schluss- und Tageshöchstkurs einer weißen Kerze dar.

Der **untere Schatten** stellt die Preisspanne zwischen Eröffnungs- bzw. Schluss- und Tagestiefstkurs dar.

John Murphy, ein ehemaliger Talkmaster des Wirtschaftssenders CNBC, erzählte mir einmal, ein Zuschauer habe angerufen und gefragt: „Was sind das für Charts, die aussehen wie Hotdogs?" Ich habe kurz daran gedacht, Candlesticks „Hotdog-Charts" zu nennen, damit sie beim US-Publikum besser ankommen, es mir dann aber anders überlegt. Der Fall verdeutlicht aber, dass die Charts im Westen noch relativ neu sind.

Ob Sie bei Candlesticks nun an Kerzen oder Hotdogs denken: Ihre Interpretation ist mit vielen neuen Fachausdrücken verbunden. Dieses Vokabular müssen Sie beherrschen, wenn Sie mit den Charts richtig umgehen wollen. Ein Beispiel: Liegt der Eröffnungs- und Schlusskurs auf genau oder fast derselben Höhe, spricht man von einem „Doji". Das ist japanisch und bedeutet „Fehler".

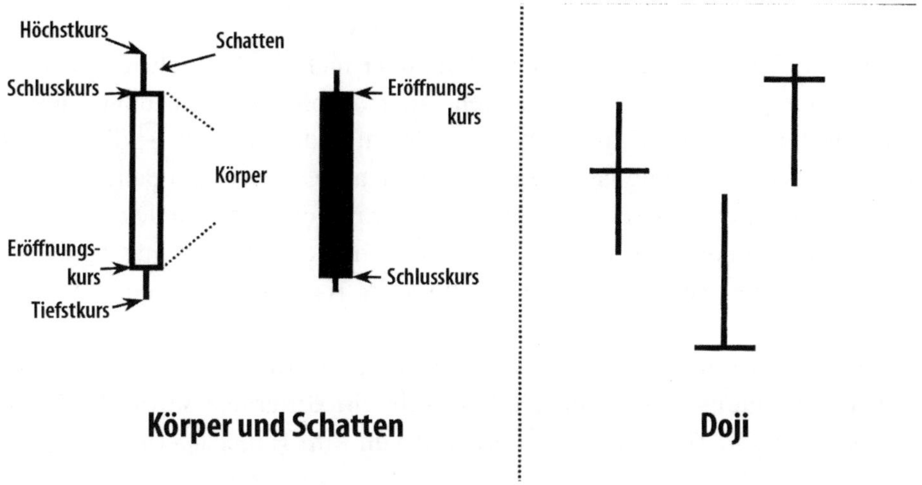

Abbildung 1.4: Die Konstruktion von Kerzen

Ein **Doji** – japanisch „Fehler" – ist eine Kerze, bei der Eröffnungs- und Schlusskurs ganz oder nahezu auf selber Höhe liegen. Dadurch ist der Körper kein Rechteck, sondern eine horizontale Linie.

Besitzt ein Doji sowohl einen oberen als auch einen unteren Schatten, ähnelt er einem Kreuz. Die horizontale Linie wird vom Körper gebildet, die senkrechte Linie von den beiden Schatten. Der Doji ist eines der wichtigsten von einer einzelnen Kerze gebildeten Signale. Ich werde etwas später erklären, warum. Vorerst möchte ich nur einige wichtige Prinzipien und Definitionen einführen. Abbildung 1.4 gibt einen Überblick über die allgemeine Struktur von Kerzen (sowie des Doji).

Zusammenfassend noch einmal die Merkmale, durch die eine Kerze definiert wird: Körper, oberer und unterer Schatten, Eröffnungs- und Schlusskurs sowie Richtung der Preisentwicklung. Dies ist in der Abbildung auf der linken Seite dargestellt. Rechts habe ich die Erscheinungsformen des Doji zusammengestellt. Beachten Sie, dass es drei Arten dieser Kerze gibt: das Kreuz (mit oberem und unterem Schatten) sowie zwei Doji mit Schatten nur auf einer Seite.

Candlesticks sind deshalb so nützlich, weil sie in relativ einfacher Notierung eine Fülle von Informationen liefern. Sie zeigen auf einen Blick:

- die vollständige Kursspanne eines Tages
- Eröffnungs- und Schlusskurs
- Richtung der Preisbewegung.

Vor allem aber lässt sich in einem Chart über mehrere Handelsperioden sofort der übergeordnete Trend erkennen. Auch aus einem Balkendiagramm ist ohne Weiteres zu entnehmen, ob der Preis auf- oder abwärts tendiert. Doch in der Kerzendarstellung ist es leichter, die relative Stärke und Schwäche der Auf- und Abwärtsbewegung der einzelnen Perioden zu beurteilen, die Höhe der Kursschwankung in den Perioden und – in Kombination mit dem Handelsvolumen des Zeitraums – die Volatilität im Handelsgeschehen.

Inzwischen wissen Sie genug, um selbst ein Candlestick-Diagramm zu zeichnen. In Abbildung 1.5 finden Sie zur Hilfe ein Gitternetz sowie die Eröffnungs-, Höchst-, Tiefst- und Schlusskurse von fünf Handelsperioden.

Die Werte lassen sich ganz einfach in ein Kerzenchart umsetzen, indem die Kursinformationen wie in Abbildung 1.6 gezeigt übertragen werden. Ob der Kerzenkörper weiß oder schwarz sein muss, hängt davon ab, ob der Kurs innerhalb des Tages von der Eröffnung zum Handelsschluss gestiegen (weißer Körper) oder gefallen ist (schwarzer Körper).

Die Länge des oberen und unteren Schattens richtet sich jeweils nach dem Höchst- und Tiefstkurs. Diese Regeln gelten, egal ob die Kerzen eines Charts ganze Handelstage oder Fünfminuten-Perioden umfassen. Auch die technischen Muster, die bei der Candlestick-Analyse verwendet werden, gelten für sämtliche in den Diagrammen verwendeten Zeitrahmen. Daytrader setzen gerne sehr kurzfristige Charts ein, Swingtrader – also Händler, die mit zwei- bis fünftägigem Zeithorizont arbeiten – ziehen gewöhnlich Charts mit Tageskerzen vor.

Als ich in den 1980er-Jahren zum ersten Mal Candlesticks verwendete, musste ich die Grafiken noch per Hand zeichnen. Damals gab es kein Internet, und selbst wenn es schon existiert hätte, wusste niemand wirklich über Candlesticks Bescheid. Heute haben Sie mehr Glück. Auf vielen Webseiten können Sie kostenlos und mit ein paar Mausklicks Candlestick-Charts erstellen. Dabei lassen sich zahlreiche Einstellungen vornehmen – unter anderem die Kerzendauer – sowie zusätzliche technische Analysefunktionen wie etwa gleitende Durchschnitte nutzen. Doch auch wenn Sie Charts nicht mehr von Hand erstellen müssen, ist es sinnvoll, die Übung zu machen – um sicherzugehen, dass Sie die Grundlagen verstanden haben. Ich selbst warte noch auf ein noch fortschrittlicheres System, bei dem ich nur einen Knopf drücken muss und die morgigen Kurse erhalte!

Handelsperiode	Eröffnung	Hoch	Tief	Schluss
1	23	26	21	25
2	26	28	23	27
3	23	27	22	22
4	25	28	22	25
5	27	27	25	25

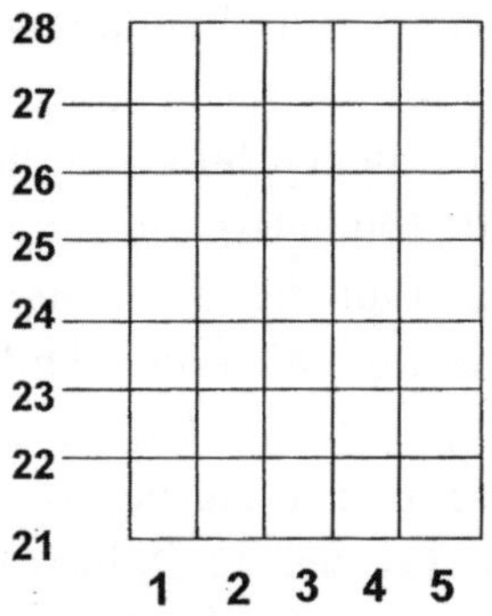

Abbildung 1.5: Kerzen zeichnen

Handelsperiode	Eröffnung	Hoch	Tief	Schluss
1	23	26	21	25
2	26	28	23	27
3	23	27	22	22
4	25	28	22	25
5	27	27	25	25

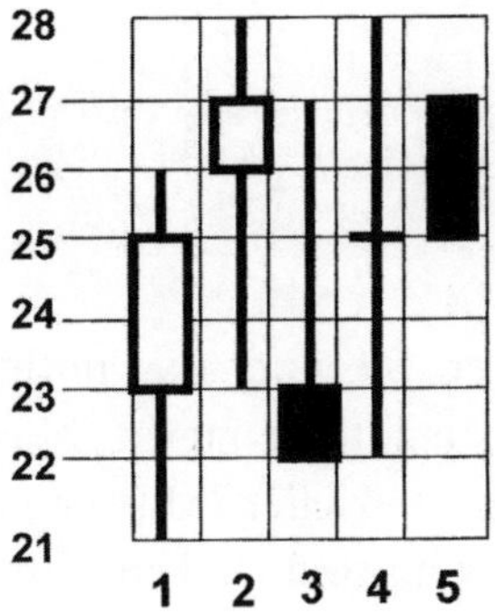

Abbildung 1.6: Kerzen zeichnen

1.2 Kurslücken

Eine Eigenschaft der Candlesticks führt oft zu Verwirrung: Jede Kerze zeigt grundsätzlich nur die in der jeweiligen Periode zustande gekommenen Preise. Daher entspricht der Eröffnungskurs nicht unbedingt dem Schlusskurs der vorangegangenen Kerze. Wer hiervon ausgeht, kann die Charts nicht richtig interpretieren. Wenn also ein Abstand zwischen dem Schlusskurs einer Periode und der Eröffnung der nächsten Periode auftritt, kann dies wesentliche Bedeutung haben, vor allem ab einer gewissen Größe des Versatzes.

Kurslücken, bei denen im Chart eine Öffnung entsteht, sind leicht zu erkennen. Wenn die Handelsspanne an einem Tag beispielsweise von 30 Dollar bis 32 Dollar reicht und der Kurs am darauf folgenden Tag im Tief bei 35 Dollar liegt, sind die Tage deutlich sichtbar drei Dollar gegeneinander versetzt. In anderen Fällen sind die Lücken jedoch schwerer auszumachen. So könnte der Handel an einem Tag bei 44 Dollar beginnen, bei 41 Dollar enden und am nächsten Tag bei 43 Dollar neu eröffnen (und der Markt dann weiter zulegen). Trotzdem die Eröffnung in der Spanne des ersten Tages liegt, besteht dann zwischen dem Schlusskurs von 41 Dollar und der Eröffnung bei 43 Dollar eine Lücke von zwei Dollar. Sie ist nur weniger augenfällig. Lücken können auch innerhalb eines Handelstages auftreten. Diese sogenannten Intraday-Gaps sind oft sehr wichtig, aber man muss genau nach ihnen Ausschau halten.

Als **Lücke** bezeichnet man den Abstand zwischen dem Schlusskurs eines und dem Eröffnungskurs des folgenden Tages, wenn der Eröffnungskurs von Tag zwei außerhalb der Kursspanne von Tag eins liegt.

Jetzt verfügen Sie über das nötige Grundwissen, um sich die Candlestick-Methode systematisch zu erschließen. In den folgenden Abschnitten führe ich viele der speziellen Muster ein, die Ihnen eine genauere Analyse von Kursentwicklung und Umkehrpunkten ermöglichen.

1.3 Fragen zum Selbsttest

1. Ein Balkendiagramm wird auch als OHLC-Chart bezeichnet. Dies steht für:

   a. Over Heavy, Lacking Content

   b. Open, High, Low, Close

   c. On the High, Long Candlestick

   d. Open Held Long Call.

2. Candlesticks zeigen:

   a. die Preisspanne der Handelsperiode

   b. Eröffnungs- und Schlusskurs

   c. die Richtung der Kursbewegung.

   d. Alle Antworten sind richtig.

3. Der Kerzenkörper entspricht:

   a. einer starken Kursbewegung, die keine Überreaktion auf neue Nachrichten darstellt

   b. der Spanne zwischen Eröffnungs- und Schlusskurs

   c. der gesamten Handelsspanne einer Periode

   d. der Gesamtheit der in einer Handelsperiode aktiven Trader.

4. Unter dem Schatten eines Candlesticks versteht man

   a. die über und unter dem Kerzenkörper liegenden Preisniveaus einer Sitzung

b. sekundäre Kursbewegungen in der folgenden Handelsperiode

c. die Tendenz des Volumens, dem Kurs zu folgen

d. die schwarzen Kerzen, die Perioden mit fallenden Kursen anzeigen.

5. „Doji" ist

a. ein japanisches Wort für „Fehler"

b. der Candlestick einer Sitzung, bei der Eröffnungs- und Schlusskurs exakt oder nahezu auf selber Höhe liegen

c. eine Kerze, deren Körper statt der Rechteckform die Form eines horizontalen Strichs hat.

d. Alle Antworten sind richtig.

Ihre Antworten können Sie auf Seite 224 überprüfen.

2. Kurze Kerzen, lange Kerzen

Die Analyse von Candlestick-Mustern orientiert sich maßgeblich am übergeordneten Trend und der Größe der Kerzenkörper. Wenn Sie ein Diagramm öffnen, erkennen Sie, dass viele Handelsperioden in etwa dieselbe „normale“ Kursspanne besitzen, das heißt dieselbe Bewegung vom Periodenbeginn bis zum Periodenende. Bei wesentlichen Abweichungen von dieser Spanne entstehen entweder kurze Kerzenkörper und Doji (im Fall sehr kleiner Kursbewegungen zwischen Eröffnungs- und Schlusskurs) oder, im anderen Extrem, Kerzen mit sehr langen Körpern. In diesem Abschnitt geht es um die Interpretation von kurzen Körpern und Doji-Mustern.

In praktisch allen Aktiencharts treten verschiedene Candlestick-Typen mit kurzen Körpern auf. Sie finden sich an Tagen mit Aufwärts- und Abwärtsbewegungen und einige von ihnen besitzen Schatten, andere nicht. Abbildung 2.1 zeigt einige typische Kerzen mit solchen kleinen Körpern.

2.1 Spinning Tops

Die dargestellten Kerzen tragen den bezeichnenden Namen „Spinning Top“. Sie entstehen, wenn Käufer und Verkäufer in etwa den gleichen Druck auf den Markt ausüben. Da beide Seiten fast ebenbürtig sind, liegen Eröffnungs- und Schlusskurs nahe beieinander. Oberer und unterer Schatten zeigen die misslungenen Versuche, den Preis in die eine oder die andere Richtung zu treiben. Damit liefern Spinning Tops eine Information über die Marktdynamik: Da keine Seite den Preis wesentlich beeinflussen kann, hat die Marktbewegung zumindest für diese Periode Schwung verloren.

Das Spinning Top stellt ein wichtiges Signal dar. Zwei Beispiele für diesen Kerzentyp finden Sie in Abbildung 2.2, einem Kurschart des Netzwerk-Ausrüsters Lucent Technologies.

In einem Balkenchart erschiene der Kursverlauf einigermaßen stabil. Man würde registrieren, dass sich der Markt einem Widerstand nähert, aber man würde vielleicht die eng beieinanderliegenden Eröffnungs- und Schlusskurse der beiden Perioden am Hoch übersehen – und das ist ein Problem. Die Candlestick-Darstellung mit den Spinning Tops hingegen ist viel leichter zu lesen.

Abbildung 2.1: Kurze Kerzen – Spinning Tops

Ein **Spinning Top** ist eine Kerze, deren Eröffnungs- und Schlusskurs dicht beieinanderliegen. Zudem haben oberer und unterer Schatten etwa dieselbe Länge.

Abbildung 2.2: Spinning Tops bei Lucent Technologies

Bei steigenden Kursen sollten im Prinzip lange weiße Kerzenkörper vorliegen (weiß bedeutet, dass der Preis zulegt, und das lange Rechteck signalisiert einen starken, dynamischen Trend). Treten im Chart kleine Kerzenkörper auf, hat der Trend trotz weiter steigenden Kurses Kraft verloren – die Optimisten haben nicht länger die Oberhand. Vielmehr wächst vermutlich der Einfluss der Verkäufer, obwohl die Preise nach wie vor zulegen. Kurze Körper besitzen nur Hinweischarakter, nehmen jedoch häufig das Ende des Trends vorweg. Das Spinning Top ist ein starkes Signal für eine mögliche Trendwende.

Lange Candlesticks signalisieren eine besonders starke Kursbewegung. Bei einem weißen, überdurchschnittlich langen Körper ist der Trend aufwärts gerichtet, bei einem ungewöhnlich langen schwarzen Körper abwärts.

An dieser Stelle wird die Analyse interessant. Ein Spinning Top ist wie alle Umkehrsignale nur ein Indiz für eine bevorstehende Richtungsänderung. Doch auch ohne hundertprozentige Sicherheit erhöhen Sie Ihre Trefferquote, wenn Sie solche Signale berücksichtigen. Ein japanisches Sprichwort heißt: „Nur ein Blatt fällt – und wir wissen, der Herbst ist eingezogen." Spinning Tops sind genau wie dieses eine fallende Blatt: Sie sagen Ihnen, dass die Jahreszeit – oder die Marktstimmung – wechselt.

Werfen Sie nun einen Blick auf das Chart in Abbildung 2.3. Sie sehen einen steilen Preisanstieg mit einer markanten langen weißen Kerze. Darauf folgt unmittelbar ein Spinning Top und dann ein deutlicher Kursrückgang. Dieses Muster wird Ihnen bei der Analyse von Candlestick-Charts häufig auffallen: Das Spinning Top – gefolgt von einer langen weißen Kerze – kündigt das Trendende an.

Eine wertvolle Information stellt es auch dar, wenn die Kerzen einer ausgeprägten Kursbewegung von Periode zu Periode kürzer werden. Dieses Muster zeigt eine allmähliche Abschwächung des Trends an. In Abbildung 2.4 geschieht genau dies innerhalb einer Aufwärtsbewegung, die schließlich mit zwei Doji endet. Hier haben wir es mit einem besonders aussagekräftigen Umkehrmuster zu tun.

Bei einem solchen Kursverlauf gilt es in den Handelsperioden zu reagieren, in denen die Doji auftreten. Bereits eine Sitzung später hat man das Hoch verpasst – was die lange schwarze Kerze beweist. Wenn Sie ein Umkehrmuster entdecken, dürfen Sie nicht zögern, sondern Sie müssen dem Signal unverzüglich folgen.

Abbildung 2.3: Spinning Tops

Abbildung 2.4: Zwei Doji in Folge

2.2 Die Interpretation von Doji

Ein Doji steht für Unentschlossenheit. Weder Käufer noch Verkäufer können sich durchsetzen. Die Japaner betrachten einen auf eine lange Kerze folgenden Doji als Übergangspunkt. Die den Trend beherrschende Seite ist erschöpft und die Gegenpartei übernimmt die Führung.

Bei einem Doji sollten Sie sich fragen, ob der Markt (nach einem Anstieg) überkauft oder (nach einem Rückgang) überverkauft ist. Wenn der Kurs zu rasch in eine Richtung gelaufen ist, verrät der Doji, dass die dominierenden Kräfte müde sind. Allerdings liegt es bei einem sehr starken Trend nicht unbedingt nahe, schon nach einem einzigen Doji von einer Umkehr auszugehen. In dem Augenblick, in dem der Doji erscheint, brauchen Sie daher eine Form der Bestätigung – einen zweiten Doji, überdurchschnittliches Volumen, oder der Preis muss einen Widerstand (nach oben) bzw. eine Unterstützung (nach unten) erreichen. Diese Signale und ergänzenden Informationen erhöhen die Chance, den Zeitpunkt der Trendwende genau zu treffen.

Bei einem Umkehrsignal, dessen Wert ich im Augenblick nicht richtig einschätzen kann, reduziere ich oft meine Positionen, statt sie völlig zu schließen. Ich verkaufe zum Beispiel die Hälfte einer Long-Position oder stelle die Hälfte einer Short-Position glatt. Zudem schütze ich mich in dieser Situation mit Optionen gegen das Risiko. Auf diese Weise realisiere ich einen Teil meines Gewinns, habe bei falschem Timing aber immer noch die Chance auf weiteren Profit.

Der Doji tritt in mehreren Formen auf, von denen drei besonders erwähnt werden sollen (s. Abbildung 2.5). Der erste, der nur aus einem Querstrich und einem unteren Schatten besteht, wird Dragonfly Doji (Libellen-Doji) genannt. Nummer zwei und drei sind Varianten des Spinning Top.

Steht der Dragonfly-Doji auf dem Kopf, heißt er Gravestone Doji (Grabstein-Doji). Dabei sollte man auf jeden Fall wissen, dass die jeweilige Form eines Doji und seine Bedeutung als Umkehrsignal davon abhängen, wo er im Trend erscheint.

Der **Grabstein-Doji** ist ein Doji, dessen horizontaler Strich ganz unten liegt, sodass der untere Schatten fehlt.

Abbildung 2.5: Doji – verschiedene Formen

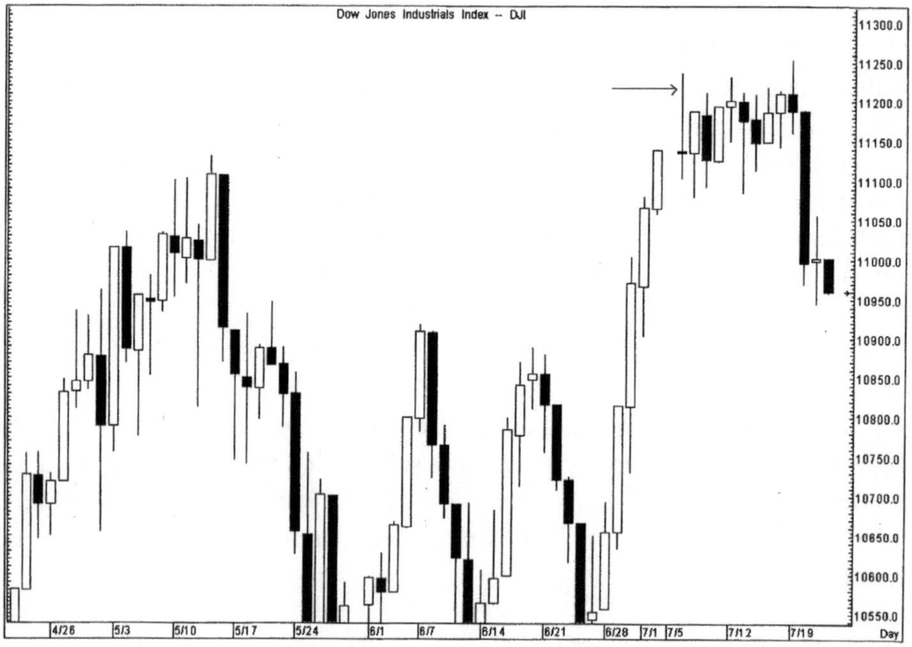

Abbildung 2.6: Doji nach einer langen weißen Kerze

Betrachten wir beispielsweise das Muster in Abbildung 2.6. Dort tritt nach einem steilen Kursanstieg ein Spinning Top mit einem außergewöhnlich langen oberen Schatten auf. Dieser Verlauf ist schwer zu deuten. Der lange Schatten zeigt, dass die Käufer den Preis nicht mehr weiter nach oben treiben konnten. Der Trend lief aus. In den folgenden neun Sitzungen bewegte sich der Kurs jedoch seitwärts, demnach war der Kampf zwischen Käufern und Verkäufern noch nicht vorüber. Nach der Seitwärtsbewegung gibt der Markt dann nach. Wie soll man sich hier verhalten?

Abbildung 2.7: Doji nach einer langen weißen Kerze – Bearish Harami Cross

Aus meiner Sicht spricht der lange obere Schatten des Spinning Top stark für das Ende des Aufwärtstrends. Dabei ist es unwesentlich, ob es noch einige Handelsperioden dauert, bis die Verkäufer den Markt in die Gegenrichtung bewegen können. Es wäre also klug, wie bei einer Trendumkehr zu reagieren, da die Wende verzögert, aber nicht verhindert wird. Die Käufer sind erschöpft, was sowohl am Doji als auch an den immer kürzer werdenden weißen Kerzen abzulesen ist. Ein weiteres Beispiel sehen Sie in Abbildung 2.7. Hier erfolgt die Trendumkehr sofort, was wieder belegt, dass ein Doji nach einer langen weißen Kerze häufig eine unmittelbare Wende ankündigt. Zusätzlich zeichnet sich das Muster dadurch aus, dass die gesamte Kursspanne des Doji in die Spanne des langen weißen Candlestick fällt. Dieses Muster wird Bearish Harami Cross genannt.

Beachten Sie die Doppelformation: Der langen weißen Kerze folgt ein Doji mit niedrigerem Hoch und höherem Tief, das heißt mit einer viel kleineren Kursspanne.

Als **Harami** – japanisch für „schwanger" – bezeichnet man eine Zweierfolge aus einer langen und einer kurzen Kerze, wobei die Handelsspanne der kurzen komplett in die Spanne der langen Kerze fällt.

Bei einem **Harami Cross** handelt es sich um ein Harami, dessen zweite Kerze sogar die Form eines Doji annimmt.

2.3 Unterstützung und Widerstand

Ein Doji oder eine Kerze mit kurzem Körper liefert jedoch oft noch einen weiteren Hinweis, nämlich auf eine neu auftretende Widerstands- (nach einem langen weißen Körper) oder Unterstützungslinie (nach einem langen schwarzen Körper). Ob das neue Niveau tatsächlich signifikant ist, zeigt sich erst mit der Zeit. Wenn Sie jedoch wissen, dass sich möglicherweise eine neue Barriere gebildet hat, entdecken Sie künftige Wendepunkte leichter. Ist tatsächlich ein Widerstand entstanden, liegt er meist am oberen Ende des oberen Schattens des Doji, eine neue Unterstützung an der Spitze des unteren Schattens. Ein Beispiel für ein neues, an einem langen weißen Candlestick und folgendem Doji erkennbares Widerstandsniveau findet sich in Abbildung 2.8.

Im gezeigten Fall besteht der erste Hinweis in einem Doji, der zweite in einer Kerze mit kurzem Körper etwa einen Monat später. Beide erfüllen dieselbe Funktion als Umkehrsignale nach einer langen weißen Sitzung. Dabei liegt der Widerstand nicht immer genau am oberen Schatten, sondern die Regel dient eher der Orientierung. Wichtig ist, dass der Widerstand (oder die Unterstützung) auf Höhe des Doji liegt. Der bestätigende zweite Doji oder kleine Kerzenkörper muss nicht einmal auf eine lange Kerze folgen, um den neuen Widerstand zu etablieren (s. Abbildung 2.9).

Im Chart der Abbildung 2.9 testet der Kurs einen Widerstand und fällt dann zurück – ein klassisches technisches Muster, das durch den Doji und den kleinen Kerzenkörper höhere Signifikanz gewinnt. Denken Sie daran: Der obere Schatten des Doji zeigt an, dass die Käufer erfolglos versucht haben, den Kurs in die Höhe zu treiben (ein langer unterer Schatten weist auf ein Scheitern der Verkäufer hin).

Aber auch beim Test eines bereits bestehenden Widerstands wendet der Kurs oft an einem Doji. Anders gesagt: Der Doji ist nicht nötig, um einen Widerstand zu etablieren; er liefert vielmehr einen Hinweis darauf, dass ein Test erfolgt ist (s. Abbildung 2.10).

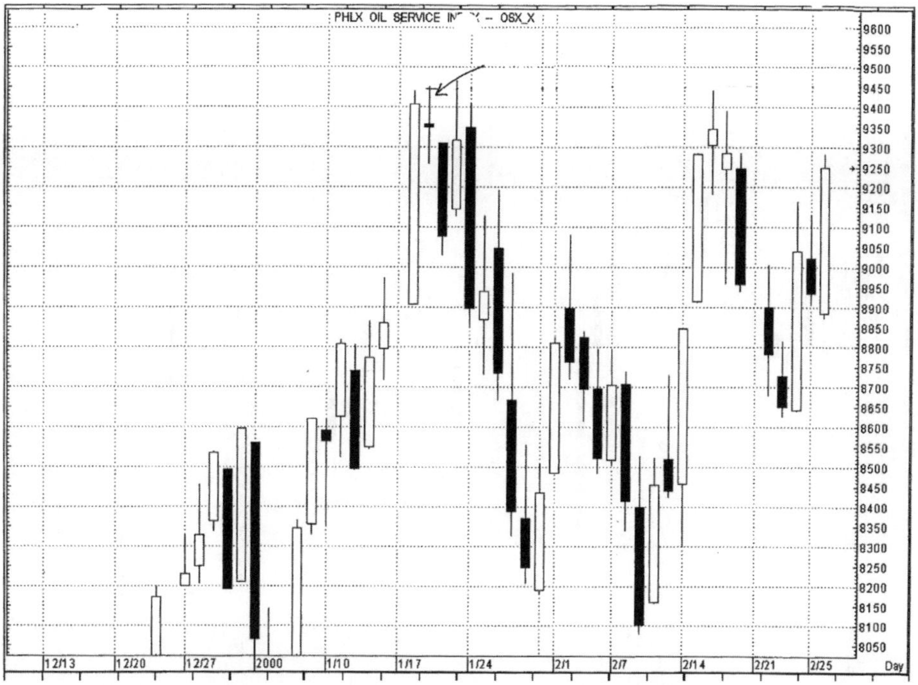

Abbildung 2.8: Doji nach langer weißer Kerze – neuer Widerstand

Abbildung 2.9: Doji als Widerstand

Abbildung 2.10: Doji bestätigt eine Widerstandslinie

In diesem Diagramm ergibt sich der Widerstand bereits aus dem vorangegangenen Kursverlauf. Nach einer Konsolidierung nimmt der Preis dann erneut Anlauf auf die Barriere und prallt zurück. Dabei wird dieser Test durch den Doji nach den vier weißen Kerzen markiert.

Doji erscheinen jedoch nicht nur als Abschluss eines Trends, sondern in vielen weiteren Mustern. In Abbildung 2.11 etwa markieren zwei Doji jeweils gescheiterte Versuche, den Kurs in die Höhe zu treiben. Auf den ersten folgt eine Seitwärtsbewegung, und erst nach dem zweiten Doji fällt der Kurs.

Obwohl der zweite Doji nach einer langen weißen Kerze auftritt, ist der Anstieg in den zwei vorherigen Sitzungen für einen echten Trend zu kurz. Dennoch besitzt das Signal ungemein hohe Aussagekraft: Als die Bewegung umkehrt, entsteht zwischen dem letzten weißen und dem folgenden langen schwarzen Candlestick eine große Lücke.

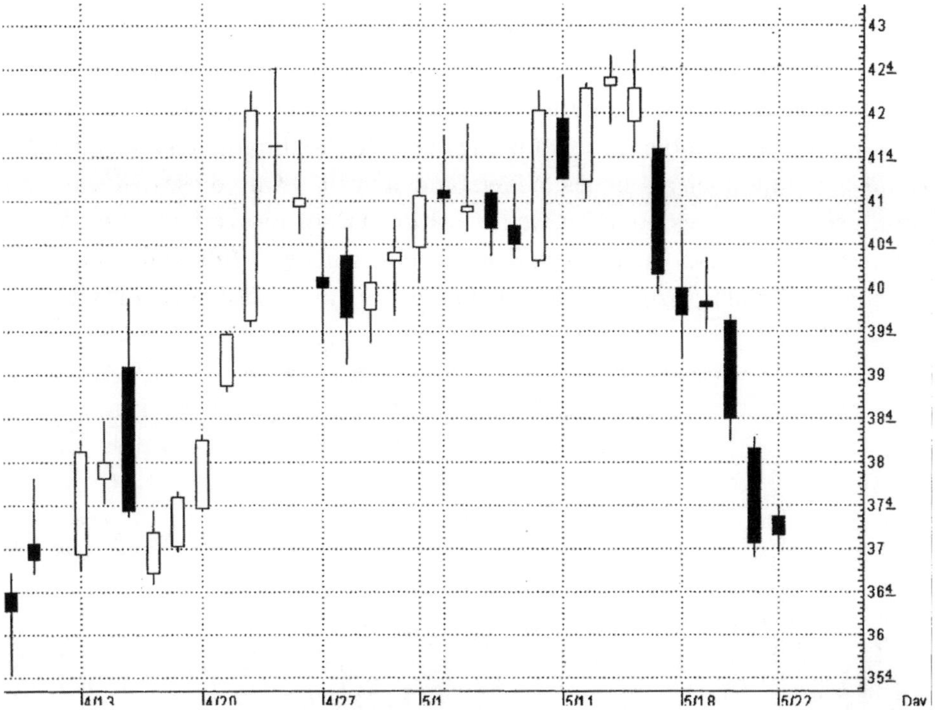

Abbildung 2.11: Doji und Trend

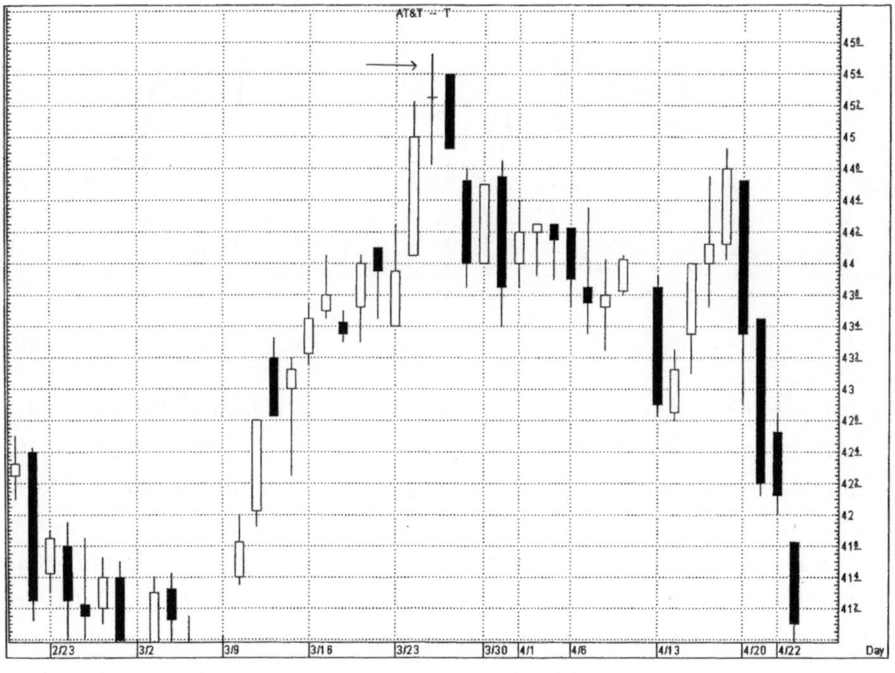

Abbildung 2.12: Doji markiert neues Schlusskurs-Hoch

Gemeinhin werden Doji als Zeichen für ein neues Hoch oder Tief betrachtet, als Signal für eine Trendumkehr. Dabei markieren sie nicht immer eine neue Widerstands- oder Unterstützungslinie. In Abbildung 2.12 wendet der Trend am Doji, aber als neues Widerstandsniveau würde dieses Niveau erst dann gelten, wenn es auch im weiteren Kursverlauf respektiert wird. Wahrscheinlich handelt es sich aber nicht um einen neuen Widerstand, sondern um einen falschen Ausbruch, nach dem der Kurs in die bisherige Kursspanne zurückfällt.

Abbildung 2.13: Grabstein-Doji

Ein Grabstein-Doji zeigt genau wie ein Spinning Top oder Dragonfly Doji einen Wendepunkt an, einen neuen Widerstand oder ein neues Hoch. In Abbildung 2.13 erscheint ein Grabstein-Doji nach einer langen weißen Kerze. Besonders aussagekräftig ist hier, dass der Kurs an beiden Tagen zunächst deutlich klettert und dann wieder zurückfällt. Dies macht die Formation zum überdurchschnittlich aussagekräftigen Umkehrindikator. Tatsächlich liegt der Widerstand in dem Chart offenbar am oberen Ende der Kursspanne der Periode, die direkt auf den Grabstein folgt. Dies deutet darauf hin, dass es sich bei der zweitägigen Preisspitze (dem langen weißen Körper und dem Grabstein-Doji) um einen falschen Ausbruch über das Widerstandsniveau handelt.

2.4 Unterstützung an langen weißen, Widerstand an langen schwarzen Kerzen

Normalerweise gelten lange weiße Körper als Signal für steigende und lange schwarze Kerzenkörper als Signal für fallende Kurse. Sie weisen jedoch nicht nur auf einen relativ starken momentanen Trend hin. Häufig bilden sich an den langen Kerzenkörpern auch neue Unterstützungen (bei langen weißen Körpern) oder Widerstände (bei langen schwarzen Körpern). Abbildung 2.14 zeigt, wo die Niveaus oft liegen. Die lange weiße Kerze begründet ein neues Unterstützungsniveau. Dadurch verschiebt sich zum einen der gehandelte Kursbereich nach oben, zum anderen deutet es auf einen weiteren Kursanstieg hin.

Häufig rückt die Unterstützung mit der Zeit stufenweise höher, wie es in Abbildung 2.15 nach jedem langen weißen Kerzenkörper der Fall ist. Das neue Niveau liegt dabei regelmäßig etwa auf halber Höhe des Kerzenkörpers. Es handelt sich um eine eher unauffällige, aber immer wieder auftretende Konstellation.

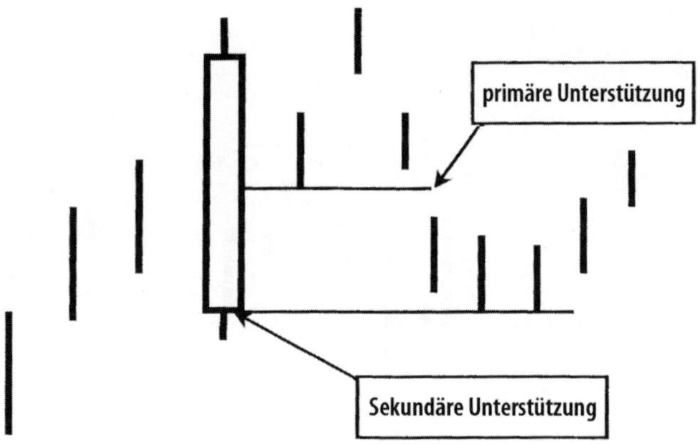

Abbildung 2.14: Unterstützung an langen weißen Kerzenkörpern

Abbildung 2.15: Neue Unterstützung in der Mitte des Kerzenkörpers

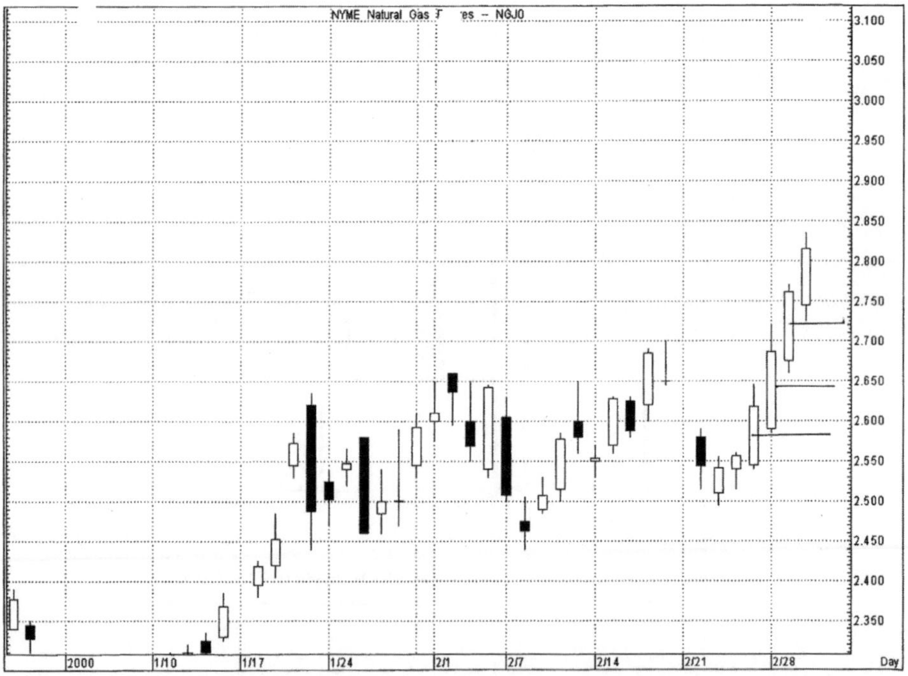

Abbildung 2.16: Stufenweiser Anstieg der Unterstützung

Treten mehrere lange weiße Kerzen in Folge auf, kann sich das Unterstützungsniveau in jeder Periode erneut zur Mitte des Kerzenkörpers verschieben (s. Abbildung 2.16). Dadurch, dass die Unterstützung mit jeder Sitzung einen Schritt höher rückt, ergibt sich während des gesamten Aufwärtstrends immer wieder eine neue Kursspanne und ein neues Niveau.

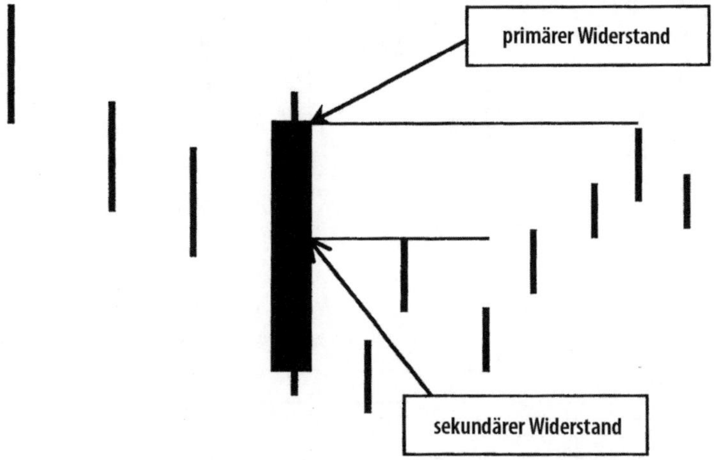

Abbildung 2.17: Widerstand an langen schwarzen Kerzenkörpern

In genau der gleichen Weise kann an einem langen schwarzen Candlestick neuer Widerstand auftreten. Abbildung 2.17 zeigt dies schematisch: Der primäre Widerstand liegt in der Mitte des Kerzenkörpers und eine sekundäre Barriere oft nahe dem Schlusskurs, also am oberen Ende des Körpers.

Wie das stufenweise Absinken des Widerstands in Realität aussieht, ist in Abbildung 2.18 gezeigt. Das rückläufige Widerstandsniveau liegt jeweils in der Mitte der langen schwarzen Körper. Dieses Bild tritt immer wieder auf, in Aufwärtsbewegungen für Unterstützungslinien und in abwärtsgerichteten Märkten für Widerstände. Voraussetzung ist, dass lange Candlesticks vorliegen.

Wenn Sie diese Muster erkennen – ob in Form sehr enger Kursspannen wie beim Doji oder weiter Spannen wie bei langen Kerzen –, können Sie sie mit anderen technischen Signalen kombinieren, um Ihr Risiko und den geeigneten Zeitpunkt für den Ein- und Ausstieg zu bestimmen.

Abbildung 2.18: Stufenweiser Rückgang des Widerstands

2.5 Fragen zum Selbsttest

1. Bei einem kurzen Körper handelt es sich um

   a. eine Handelsperiode mit niedrigem Volumen, während der unterdurchschnittlich viele Händler am Markt aktiv sind

   b. die Aktie eines Unternehmens mit niedrigem Börsenwert sowie einem Verweis auf Sachvermögen

   c. einen Candlestick mit geringem Abstand zwischen Eröffnungs- und Schlusskurs

   d. eine außergewöhnlich enge Kursspanne bei einer Aktie.

2. Ein Spinning Top ist ein Candlestick mit

   a. geringem Abstand zwischen Eröffnungs- und Schlusskurs und ohne Schatten

   b. geringem Abstand zwischen Eröffnungs- und Schlusskurs und etwa gleich großen Schatten auf beiden Seiten

   c. geringem Abstand zwischen Eröffnungs- und Schlusskurs und langen Schatten auf beiden Seiten.

   d. Alle Antworten sind richtig.

3. Ein langer Candlestick zeigt

   a. hohe Volatilität und Ungewissheit über die Richtung des Trends

   b. dass sich der aktuelle Trend abschwächt

   c. einen starken Trend in der bezeichneten Richtung (aufwärts bei einer langen weißen und abwärts bei einer langen schwarzen Kerze)

d. dass ein Ausbruch über einen Widerstand oder unter eine Unterstützungslinie bevorsteht.

4. Ein Doji

a. ist ein Zeichen für Unentschlossenheit

b. zeigt bei vorangehendem Aufwärtstrend, dass die Käufer dominieren

c. zeigt bei vorangehendem Abwärtstrend, dass die Verkäufer dominieren

d. stellt kein zuverlässiges (Umkehr-)Signal dar.

5. Dragonfly und Grabstein-Doji sind

a. dieselben Candlesticks, wobei die Bezeichnung von der Position im Trend abhängt

b. jeweils gegensätzliche Kerzen: Der Dragonfly Doji besitzt den vertikalen Strich am oberen Ende, der Grabstein-Doji am unteren Ende.

c. Kerzen mit oberen und unteren Schatten in verschiedenen Längen: Der Dragonfly hat einen größeren unteren, der Grabstein einen größeren oberen Schatten.

d. als Umkehrsignale unzuverlässig.

Ihre Antworten können Sie auf Seite 224 überprüfen.

3. Analyse auf Basis der Schatten

Als Schatten eines Candlesticks werden die Bereiche unter und über dem Körper bezeichnet. Analysten schenken dem Körper viel Aufmerksamkeit, da er den Abstand zwischen Eröffnungs- und Schlusskurs darstellt. Das hat zwar seine Berechtigung, aber auch die Schatten liefern wertvolle Hinweise, vor allem zu Umkehrpunkten.

Schatten lassen sich als gehandelte Kurse ober- und unterhalb des Kerzenkörpers auffassen, aber auch als gescheiterte Marktbewegung. Ein besonders langer Schatten bedeutet, dass die Käufer (beim oberen Schatten) oder die Verkäufer (beim unteren Schatten) vergeblich versucht haben, den Kurs in ihre Richtung zu treiben. Dies ist vor allem dann eine wertvolle Information, wenn die Schatten sehr lang sind oder in mehreren Handelsperioden in Folge auftreten. In Abbildung 3.1 finden Sie einige Beispiele für Schatten sowohl in Auf- als auch in Abwärtstrends.

3.1 Trends und Wendepunkte

Schatten besitzen vor allem dann Bedeutung, wenn sie in Reihe erscheinen. Treten beispielsweise in einer Aufwärtsbewegung drei oder mehr Candlesticks in Folge auf, die alle einen einigermaßen großen oberen Schatten tragen, deutet dies oft auf eine bevorstehende Umkehr hin (s. Abbildung 3.2). Beachten Sie, dass an beiden markierten Stellen jeweils mehrere Kerzen hintereinander einen oberen Schatten besitzen. Daran können Sie erkennen, dass den Käufern die Kraft ausgeht und der Markt an Dynamik verliert. Aus diesem Grund dreht der Trend beide Male und der Kurs fällt zurück.

Doch wie ist es zu deuten, wenn mehrere nicht direkt aufeinander folgende Handelsperioden lange obere Schatten aufweisen? Denken Sie daran, dass Candlestick-Formationen nicht immer die perfekte, klare Form annehmen. So kann ein schwächer werdender Trend auch von mehreren einzeln liegenden

Kerzen mit langen Schatten begleitet werden, oder einzelne Kerzen in einem Abwärtstrend tragen einen oberen Schatten (s. Abbildung 3.3).

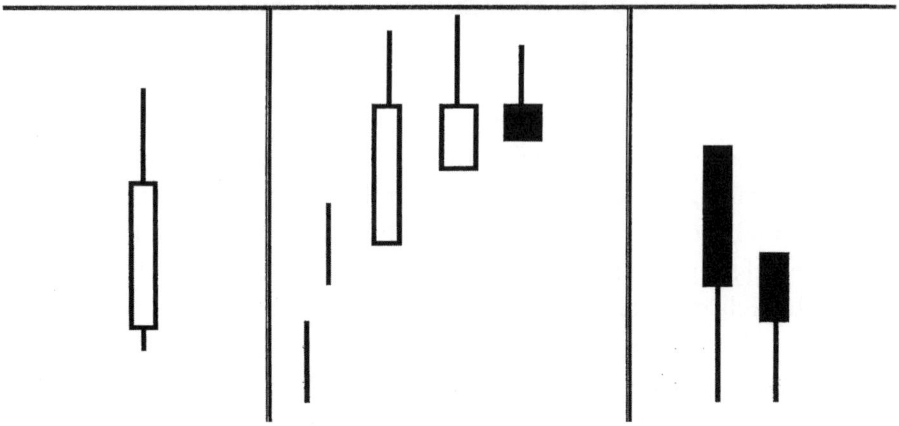

Abbildung 3.1: Schatten in Aufwärts- und Abwärtstrends

Abbildung 3.2: Neue Hochs, aber …

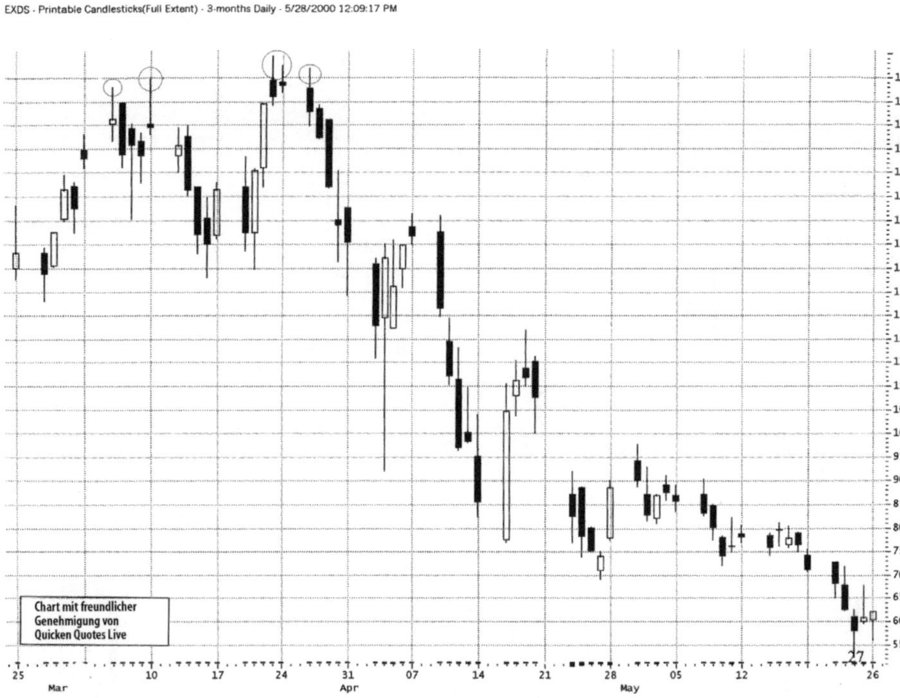

Abbildung 3.3: Lange obere Schatten

Treten gleich in mehren Handelsperioden in Folge deutliche Rückschläge auf, ist dies ein besonders starkes Signal. Abbildung 3.4 zeigt als Beispiel einen Kursverlauf, den ich als „Anstieg unter Schmerzen" bezeichne. Obwohl der Trend an Schwung verliert, versuchen die Käufer in jeder Periode erneut, den Preis weiter anzutreiben, und scheitern. Dies ist ein deutlicher Hinweis auf die bevorstehende Wende. Wie gesagt: Wenn eine Kursbewegung nachlässt, liegt es nahe, dass der Markt als Nächstes in die Gegenrichtung läuft. Das Muster der oberen Schatten illustriert dies hier ziemlich gut.

Ein weiteres Beispiel sehen Sie in Abbildung 3.5. In diesem Fall war der Kurs am Hoch vor allem wegen der Aneinanderreihung oberer Schatten verdächtig.

Dasselbe Muster tritt auch am Ende einer Abwärtsbewegung auf. Eine der schwierigsten Fragen beim Timing lautet, wann ein Trend ausläuft, und durch obere wie untere Schatten erhalten Sie einen ausgezeichneten Eindruck vom Käufer- und Verkäuferverhalten. In Abbildung 3.6 ist zum Beispiel fehlender Abwärtsdruck zu erkennen. Die Verkäufer versuchen mehrere Tage ohne

Erfolg, den Preis weiter abwärts zu bewegen, und wie zu sehen ist, tritt das erwartete, typische Resultat ein: eine Trendumkehr.

Abbildung 3.4: Marktanstieg „unter Schmerzen“

Charttechniker suchen immer nach dem perfekten, klar erkennbaren Signal. Obwohl selten, haben sie bisweilen Glück. Oft lässt sich eine Trendwende ganz einfach erkennen, wenn der Markt einfach die Richtung wechselt und beispielsweise nach einer Reihe von Tagen mit fallenden Kursen (schwarze Candlesticks) mehrere Tage mit Kursanstieg (weiße Candlesticks) folgen. Doch wie sicher sind Sie, wenn Sie hier reagieren? Liegt hingegen ein starker Trend vor, und dann wechseln die Kerzen die Farbe und tragen Schatten, bestätigt ein Signal das andere. Ein perfektes Beispiel finden Sie in Abbildung 3.7: einen starken Abwärtstrend und dann einen Wechsel von Abwärts- zu Aufwärtstagen, begleitet von unteren Schatten. So wissen Sie, dass es an der Zeit ist, sich für eine Trendumkehr zu positionieren.

Abbildung 3.5: Lange obere Schatten

Abbildung 3.6: Fehlender Abwärtsdruck

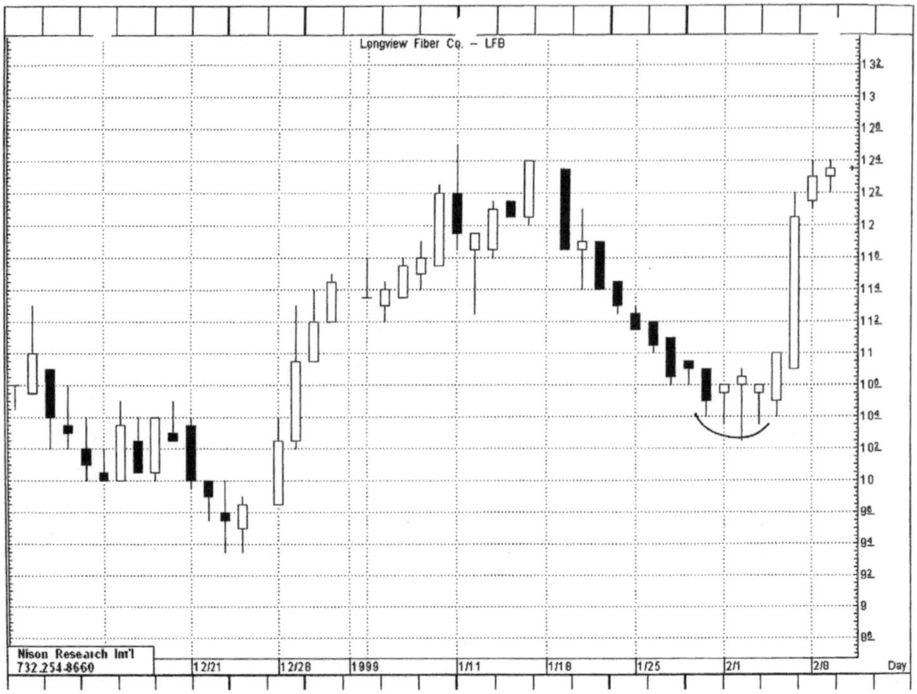

Abbildung 3.7: Schatten – Zeit, zu handeln

3.2 Ein-Kerzen-Signale

3.2.1 Der Hammer

Eine der aussagekräftigsten Einzelkerzen mit Schatten ist der Hammer. Dieser Candlestick besitzt einen ausgeprägten, im Idealfall zwei- bis dreimal die Länge des Kerzenkörpers überragenden unteren Schatten. Wenn der Körper zum Beispiel zwei Zähler lang ist, deckt der Schatten des typischen Hammers vier bis sechs Punkte ab.

Als **Hammer** bezeichnet man einen einzelnen Candlestick, dessen unterer Schatten die Länge des Körpers zwei- bis dreimal übertrifft. Er erscheint am Ende von Abwärtstrends und deutet auf eine baldige Richtungsumkehr hin.

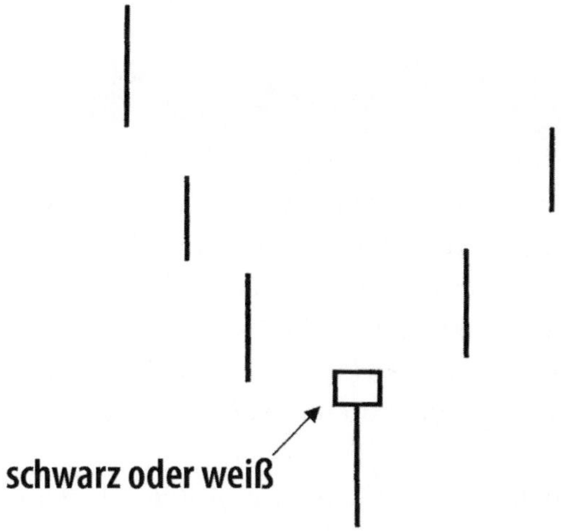

Abbildung 3.8: Der Hammer

Abbildung 3.9: Der Hammer als Umkehrsignal

Die Farbe des Körpers spielt bei einem Hammer keine Rolle. Wenn das Signal in einem Abwärtstrend erscheint, kündigt es eine Wende des Marktes an (siehe Abbildung 3.8).

Wenn andere Chartsignale kein eindeutiges Bild liefern, liefert der Hammer in einer einzelnen Sitzung ein wertvolles Signal. So ist das Muster der individuellen Candlesticks gegen Ende eines Abwärtstrends oft äußerst uneinheitlich. Statt eines klaren Hinweises auf eine Umkehr des Kurses oder eine Fortsetzung der Abwärtsbewegung haben Sie es dann mit einem Durcheinander aus widersprüchlichen Anzeichen zu tun. Tritt jedoch nach einem deutlichen Abwärtstrend ein Hammer auf, ist eine Wende zu erwarten.

Ein Beispiel eines unklaren Chartbilds ist in Abbildung 3.9 dargestellt: Einige Handelsperioden lang fällt der Kurs innerhalb der Sitzungen jeweils, aber die Körper reihen sich nicht kontinuierlich tiefer, sondern vollführen eine Auf-ab-Bewegung. Der einzelne Aufwärtstag am Ende der Bewegung allein reicht als Signal für eine Trendwende nicht aus – aber der Hammer in der nächsten Periode ist eindeutig: Der Kurs dürfte nun unmittelbar zulegen.

Abbildung 3.10: Hammer als Umkehrsignal

Abbildung 3.11: Doppelter Hammer

Ebenso ungewiss ist die Lage am Ende des Trends in Abbildung 3.10. Dort räumt ein noch ausgeprägterer Hammer die Zweifel aus.

Ein Hammer allein stellt bereits ein starkes Signal dar, doch er tritt auch in Doppelformation auf. Wer sich vom ersten Hammer nicht überzeugen lässt, hat mit dem zweiten einen noch zuverlässigeren Hinweis vor sich (s. Abbildung 3.11). Interessanterweise lief der Kurs nach der Formation eine Zeit lang seitwärts, bis die riesige Aufwärtslücke entstand. Dieses Muster mahnt zur Vorsicht: Auch wenn zwei starke Signale vorliegen, erfolgt die Reaktion nicht immer sofort.

Der Hammer kündigt nicht nur Umkehrpunkte an, sondern er bestätigt auch klassische Chartsignale. In Abbildung 3.12 ist zum Beispiel ein schwächer ausgeprägter Hammer zu sehen, der eine bestehende Unterstützung bestätigt.

Der Hammer erscheint auch in komplexeren Chartverläufen. In Abbildung 3.13 ringen Verkäufer und Käufer mehrere Handelsperioden lang um die

Vorherrschaft. Der Hammer erscheint bei einem Kurs von 208 bis 209 Dollar je Aktie, nachdem zuvor ein langer schwarzer Candlestick erschienen war. Ein ausgeprägter schwarzer Kerzenkörper deutet gewöhnlich auf starken Abwärtsdruck hin, aber der Hammer relativiert dieses Signal. Drei Perioden später tritt erneut eine lange schwarze Kerze auf, aber die Käufer verhindern einen weiteren Kursrückgang. Dies stützt die Interpretation, dass der Hammer eine Trendwende ankündigt, auch wenn hier ein heftiger Kampf tobt. Die Verkäufer versuchen ein weiteres Mal, die Kontrolle zu erlangen, scheitern aber auch in diesem dritten Anlauf, und zuletzt gewinnen die Käufer unter großer Mühe die Oberhand. Das Muster insgesamt ist schwer zu deuten, doch der Hammer liefert frühzeitig den entscheidenden Hinweis: Sein unterer Schatten verrät, dass die Pessimisten schwächer geworden sind, auch wenn der endgültige Beweis erst einige Perioden später erfolgt.

Abbildung 3.12: Hammer bestätigt eine Unterstützung

In einem Abwärtstrend stellt der Hammer ein außerordentlich starkes Umkehrsignal dar – aber das ist noch nicht alles. Was bedeutet es, wenn ein hammerförmiger Candlestick bei steigenden Kursen erscheint?

Abbildung 3.13: Hammer bestätigt Unterstützung

3.2.2 Hanging Man

Dieser Candlestick besitzt ebenfalls einen zwei- bis dreimal den Körper überragenden Schatten, und auch hier ist die Farbe des Körpers unwichtig. Dieses Pendant des Hammers wird als Hanging Man („Hängender Mann") bezeichnet.

Häufig finden sich Hanging Man und Hammer im selben Chart, am Hoch- bzw. am Tiefpunkt eines kurzfristigen Trends (s. Abbildung 3.15).

Als **Hanging Man** bezeichnet man einen Candlestick mit einem unteren Schatten, der den Körper um das Zwei- bis Dreifache überragt. Er erscheint am Ende eines Aufwärtstrends und kündigt eine Trendumkehr an.

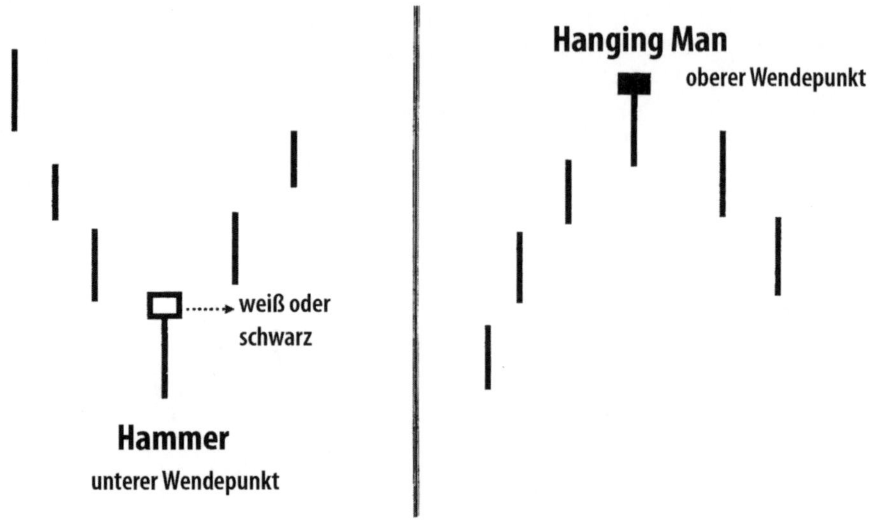

Abbildung 3.14 stellt den Hammer dem Hanging Man gegenüber.

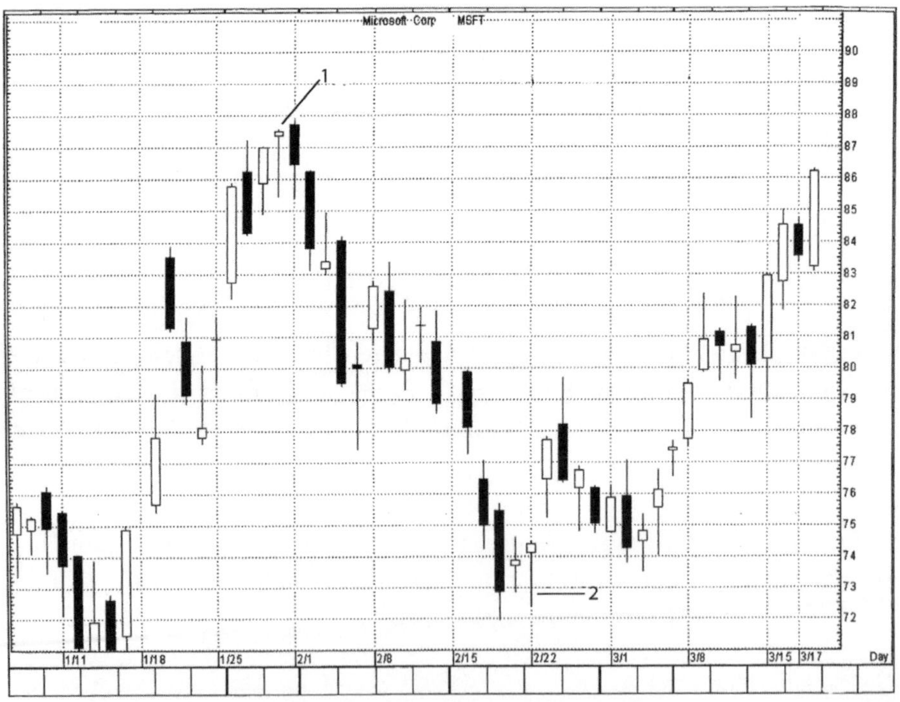

Abbildung 3.15: Hanging Man und Hammer

Abbildung 3.15 zeigt einen Hanging Man in einer Aufwärtsbewegung, ein klares Signal für eine Trendwende. Danach folgt nach einem Kursrückgang ein Hammer, der eine erneute Richtungsumkehr ankündigt. Für einen Swingtrader sind diese Muster wertvoll, und sie verbessern sein Timing ungemein. Obwohl nicht jedes Mal eine Einzelsitzung mit einem Hanging Man auftreten muss, um eine Trendwende anzuzeigen, hat das Signal hohe Aussagekraft. In Abbildung 3.16 sind Perioden mit ungemein starker Aufwärtsbewegung zu sehen sowie vier aufeinanderfolgende Aufwärtslücken. Obwohl der Aufwärtstrend mit der ersten schwarzen Sitzung und ihrem kurzen Körper zu Ende sein dürfte, ist dies keineswegs sicher. In der nächsten Periode bildet sich jedoch der Hanging Man aus, und dies ist ein deutlicher Hinweis, Kaufpositionen zu schließen oder Verkaufspositionen zu eröffnen, weil der Trend offenbar dreht.

Abbildung 3.16: Hanging Man als Umkehrsignal

Wie bei allen Candlestick-Mustern benötigen Sie auch bei Hanging Man und Hammer eine Bestätigung. Sie sollten diese Signale nur als zusätzliche Entscheidungsgrundlage nutzen und nie als ausschließliches Kriterium für einen

Marktein- oder -ausstieg. Es geht immer um eine Rückversicherung, und aus diesem Grund ist der Hanging Man bisweilen problematisch: Er weist im Prinzip auf einen weiteren Kursanstieg hin, da der untere Schatten ein Scheitern der Verkäufer anzeigt – und Letzteres bedeutet genau wie beim Hammer meist, dass sich der Aufwärtstrend fortsetzen wird. Der Hanging Man ist also nur insofern das genaue Gegenteil des Hammers, als er am Ende eines Kursanstieges erscheint. Damit Sie keinem falschen Signal aufsitzen, sollten Sie erst dann reagieren, wenn eine Handelssitzung unterhalb des Körpers des Hanging Man schließt.

Die Regel, erst die Bestätigung des Hanging Man abzuwarten, ist äußerst wichtig: *Da der Hanging Man von der Form her auf einen weiteren Kursanstieg hinweist, ist für die Bestätigung als Umkehrsignal ein Schlusskurs unterhalb des Körpers des Hanging Man erforderlich.* Abbildung 3.17 fasst diese Regel zusammen.

Achtung:
Der Hanging Man weist von seiner Form her auf einen Kursanstieg hin. Bevor er als Umkehrsignal gelten kann, muss daher eine Bestätigung in Form eines Schlusskurses unterhalb seines Körpers erfolgen.

Abbildung 3.17: Bestätigung des Hanging Man

Diese Regel ist von entscheidender Bedeutung, da durchaus Fehlsignale in Form eines oder mehrerer Hanging-Man-Formationen auftreten. Wer daher bei jedem Auftreten des Kerzentyps vom Ende des Aufwärtstrends ausgeht, wird den richtigen Zeitpunkt weniger gut treffen, als wenn er die Bestätigung durch einen Kursrückgang abwartet. In Abbildung 3.18 etwa schlägt der Hanging Man mehrfach blinden Alarm.

Die drei markierten Kerzen in der Viererfolge von Candlesticks in der Aufwärtsbewegung sehen aus wie Hanging-Man-Signale. Trotzdem steigt der

Preis immer weiter – nie liegt der Schlusskurs unter dem Körper des vorangegangenen Candlestick, sodass keiner ein zuverlässiges Signal liefert.

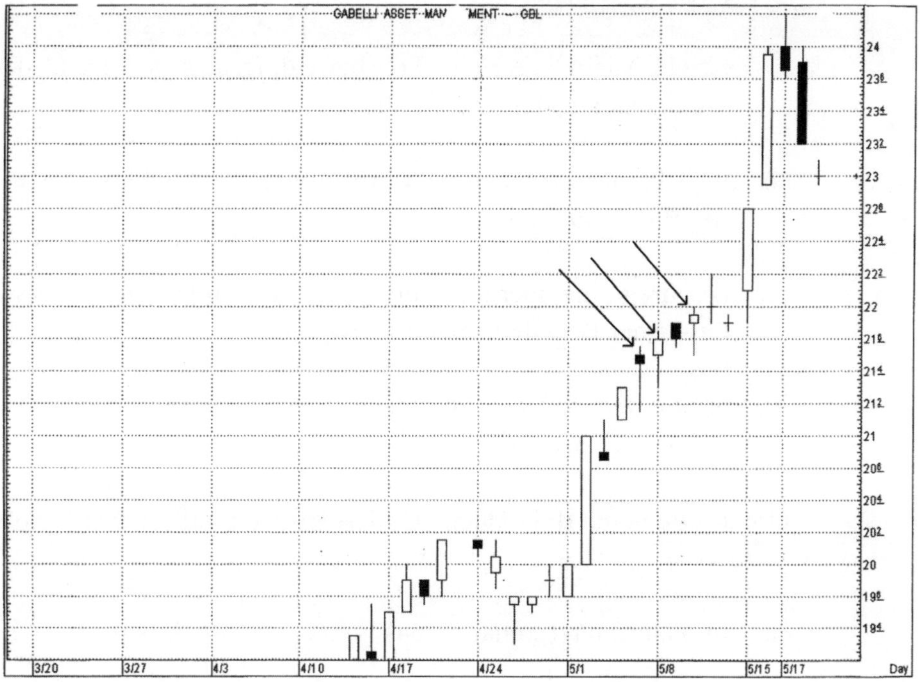

Abbildung 3.18: Hanging Man ohne Bestätigung

3.3 Fragen zum Selbsttest

1. Der Schatten eines Candlestick

   a. ist ein Nachklingen der Preisbewegung, das den Trend der vorangegangenen Sitzung spiegelt

   b. liegt immer zwischen dem Eröffnungs- und Schlusskurs einer Handelsperiode

   c. beschreibt die über und unter dem Eröffnungs- und Schlusskurs einer Periode liegenden Preise

   d. ist die Tendenz des Volumens, Fortsetzungen der Handelsbreite nachzuvollziehen.

2. In direkt aufeinanderfolgenden Handelsperioden auftretende Schatten signalisieren

   a. im Fall unterer Schatten das Ende eines Abwärtstrends

   b. im Fall oberer Schatten das Ende eines Aufwärtstrends

   c. dass eine Umkehr des aktuellen Trends bevorsteht.

   d. Alle Antworten sind richtig.

3. Als Hammer bezeichnet man

   a. eine Kerze, deren unterer Schatten den Körper um das Zwei- bis Dreifache überragt und das Ende eines Abwärtstrends ankündigt

   b. eine Kerze mit oberem Schatten in Länge des Kerzenkörpers, die das Ende eines Aufwärtstrends anzeigt

   c. eine Kerze mit kleinem Körper und langen Schatten auf beiden Seiten

d. ein Signal in einem Trend, das auf die Fortsetzung der Bewegung hindeutet.

4. Ein Hanging Man ist

a. eine in jedem Fall verwendbare alternative Bezeichnung für den Hammer

b. eine Kerze mit unterem Schatten, der den Körper um das Zwei- bis Dreifache überragt und das mögliche Ende eines Aufwärtstrends anzeigt

c. ein eine Kerze umfassendes Muster, das am Ende einer Abwärtsbewegung erscheint und eine Trendumkehr ankündigt

d. eine Bezeichnung für die Tendenz bei Tradern, Positionen zu spät zu eröffnen und zu früh zu schließen.

5. Der Körper eines Hammers und Hanging Man

a. ist immer weiß

b. ist immer schwarz

c. ist entweder schwarz oder weiß, je nach Position im herrschenden Trend

d. kann ohne Unterschied schwarz oder weiß sein.

Ihre Antworten können Sie auf Seite 224 überprüfen.

4. Shooting Stars und High Waves

4.1 Shooting Stars

Schatten spielen in der Candlestick-Analyse auch abgesehen von den wichtigen Kerzentypen Hammer und Hanging Man eine große Rolle. Der Shooting Star („Sternschnuppe") zum Beispiel besitzt einen vergleichsweise kleinen Körper mit langem oberen Schatten und stellt das Gegenteil der Kerzen mit unteren Schatten aus dem vorangegangenen Abschnitt dar.

Ein langer oberer Schatten hat in der Regel eine negative Bedeutung. Die Käufer scheitern beim Versuch, den Preis nach oben zu treiben, was normalerweise in eine Trendumkehr und den Rückgang des Marktes mündet. Die Farbe des Körpers ist bei einem Shooting Star bedeutungslos, genau wie bei Hammer und Hanging Man. Der Kerzenkörper ist mit einer Länge von maximal der Hälfte des oberen Schattens klein. Damit der Shooting Star ein echtes Umkehrsignal darstellt, ist zudem entscheidend, dass er eine Lücke zur vorangegangenen Handelsperiode lässt.

Ein **Shooting Star** ist ein einzelner Candlestick, der einen oberen Schatten in mindestens doppelter Länge des Körpers trägt und eine Aufwärtslücke zur Kursspanne der vorherigen Handelssitzung bildet. Er kündigt das Ende eines Aufwärtstrends sowie die Umkehr des Marktes an.

Die Definitionskriterien – Größenverhältnis zwischen oberem Schatten und Körper sowie die Kurslücke – sind in Abbildung 4.1 dargestellt.

Von seiner Form entspricht der Shooting Star genau einem umgekehrten Hanging Man oder Hammer. Der Schatten liegt nicht unter-, sondern oberhalb, und die Farbe des Körpers ist egal. Der Shooting Star schließt einen Aufwärtstrend ab und wird manchmal von einem Hammer am Ende eines Abwärtstrends noch im selben Chart aufgehoben (s. Abbildung 4.2).

Beide Signale waren eindeutig. Betrachtet man alle Kerzen mit besonders langen Schatten in einem Diagramm im Zusammenhang, ergibt sich ein ausgezeichnetes System von Umkehr- und Bestätigungssignalen. In Abbildung 4.3 ist ein einzelner Shooting Star gezeigt, der einer deutlichen Abwärtswende vorausgeht. Beachten Sie, dass der Shooting Star auf eine Kerze mit langem weißem Körper folgt (was eine anhaltende Aufwärtsbewegung anzeigt). Auf den Shooting Star wiederum folgt eine lange schwarze Kerze und signalisiert einen Rückgang. Der ausgeprägte schwarze Candlestick bestätigt, was der Shooting Star ankündigt. Allerdings erfüllt der Shooting Star im Beispiel nur knapp die Definitionskriterien, denn zwischen ihm und der Kursspanne der vorangegangenen Handelsperiode liegt keine echte Lücke.

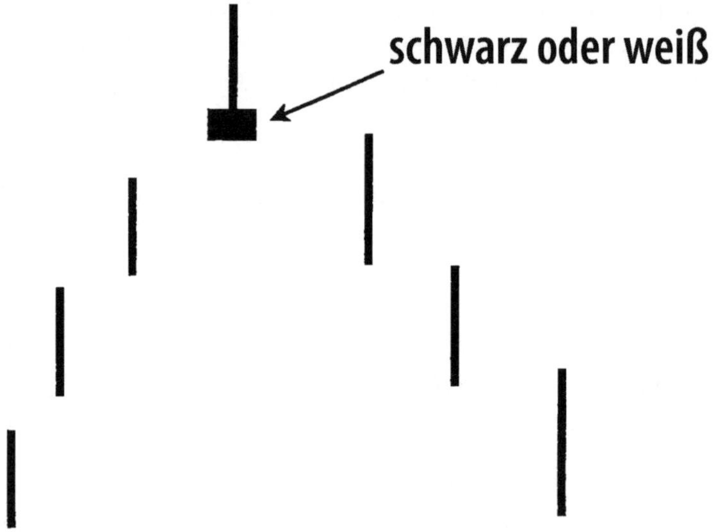

Abbildung 4.1: Shooting Star als oberes Umkehrsignal

Stärker ist der Shooting Star in Abbildung 4.4. Er stellt den vierten einer Reihe weißer Tage dar, zwischen denen jeweils eine Lücke besteht. Eine so ausgeprägte Aufwärtsbewegung hält nie lange an, sodass ein Shooting Star an dieser Stelle einen sehr deutlichen Hinweis auf eine unmittelbar bevorstehende Trendumkehr darstellt.

Die Kurslücke ist für das Muster von höchster Bedeutung. Ich würde sogar behaupten, je größer die Lücke zwischen Shooting Star und der Kursspanne der vorangegangenen Handelsperiode, desto stärker der Hinweis auf eine bevorstehende Wende des Marktes. In Abbildung 4.5 etwa ist die Lücke riesig – und wie Sie sehen, folgt auf den Shooting Star ein außergewöhnlich starker Abwärtstrend.

Erinnern Sie sich an die Regel zur Bestätigung des Hanging Man? Es musste ein Schlusskurs unterhalb des Körpers der Formation auftreten. Dieselbe Regel gilt für den Shooting Star: Er wird nur dann bestätigt, wenn der Schlusskurs des Folgetages niedriger liegt. Dies zeigt, dass wahrscheinlich eine Abwärtswende erfolgt (s. Abbildung 4.6).

Abbildung 4.2: Shooting Star

In dem Diagramm tritt eine Abfolge Kerzen auf, die wie Shooting Stars aussehen. Diese besitzen durchaus Aussagekraft, da sie belegen, dass die Käufer den Kurs nicht mehr ohne Weiteres höher treiben konnten, sodass der Preis jedes Mal wieder in den Körper zurückfällt. Dies geschieht wiederholt und es wird klar, dass die Käufer an Schwung verlieren. Die eigentliche Trendwende setzt jedoch etwa dort ein, wo tatsächlich die ersten schwarzen Candlesticks erscheinen.

Des Weiteren wird das Kursverhalten durch – wie ich sie nenne – psychologische Preiszonen bestimmt. Wenn Shooting Stars beispielsweise in der Nähe von durch zehn oder hundert teilbaren Kursmarken auftreten, ist eine Trendwende wahrscheinlicher, denn Trader drehen ihre Positionen an solchen Schwellen gerne um. Im Beispiel in Abbildung 4.7 handelt es sich um keinen vollgültigen Shooting Star, da keine Preislücke zum Vortag besteht. Doch der zusätzliche Einfluss des Preisniveaus von hundert Dollar ist so stark, dass die Kerze als Umkehrsignal gelten kann. Bei einem anderen Kursniveau hätte ich wahrscheinlich keine Trading-Entscheidung auf die Formation gegründet, aber die psychologische Barriere von hundert Dollar besitzt eine zusätzliche wichtige Signalfunktion.

Abbildung 4.3: Shooting Star vor einer Abwärtsumkehr

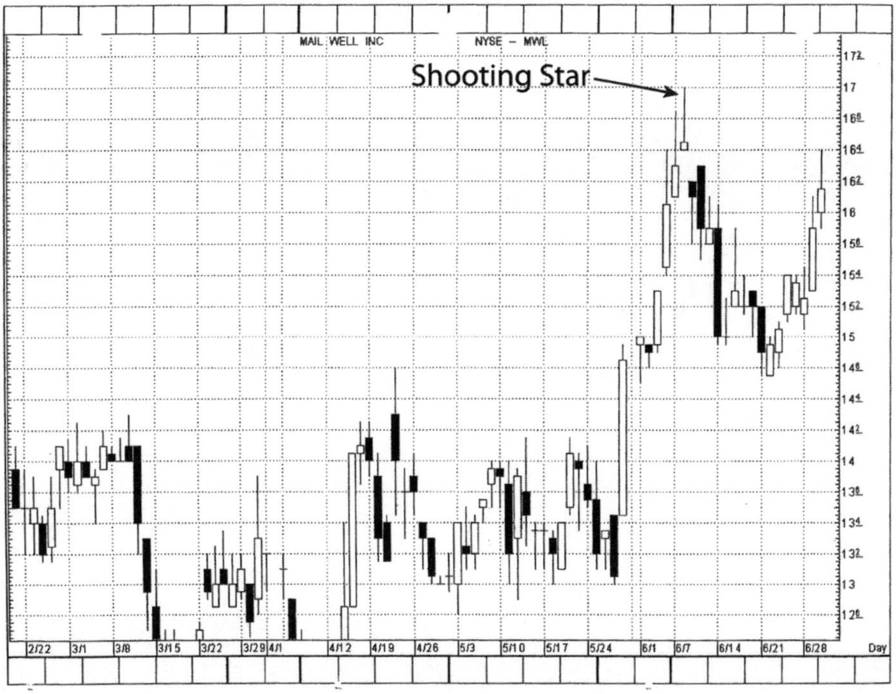

Abbildung 4.4: Shooting Star nach drei weißen Kerzen

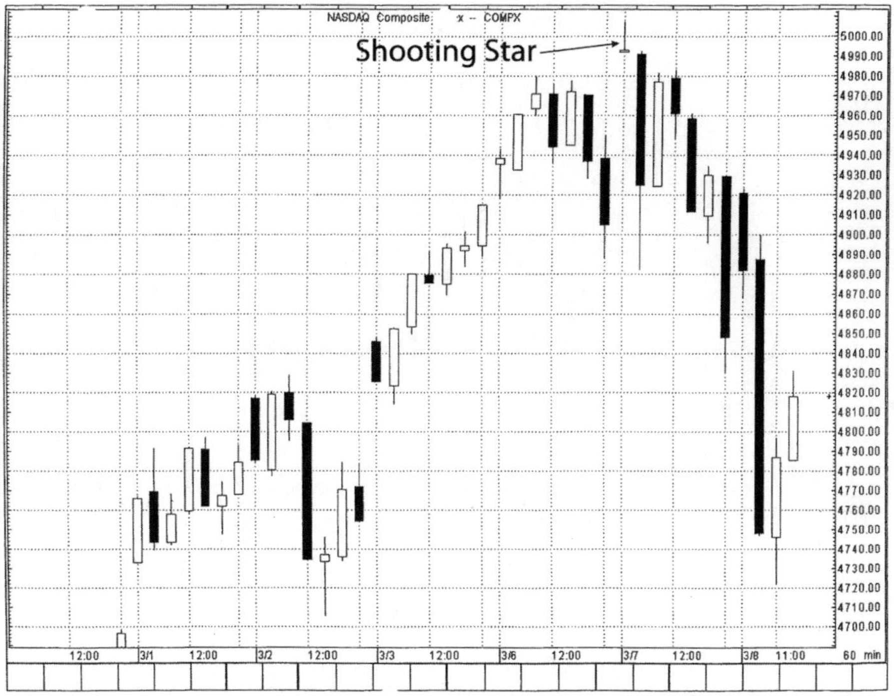

Abbildung 4.5: Shooting Star mit großer Lücke

Abbildung 4.6: Bestätigung des Shooting Star

Abbildung 4.7: Shooting Star an einer psychologischen Kursschwelle

4.2 High-Wave-Kerzen

Einen weiteren Fall, in dem Schatten für Umkehrsignale von Bedeutung sind, stellen die High-Wave-Kerzen dar. Diese Kerzen besitzen einen relativ kleinen Körper sowie lange obere und untere Schatten (s. Abbildung 4.8). Als Variante des Spinning Top zeigen auch sie ein Nachlassen des Trends an. Die langen Schatten auf beiden Seiten lassen jedoch erkennen, dass am Markt Verwirrung herrscht. Sowohl Käufer als auch Verkäufer versuchen sich durchzusetzen, aber keine Seite kann verhindern, dass der Kurs in die schmale Spanne des Kerzenkörpers zurückfällt.

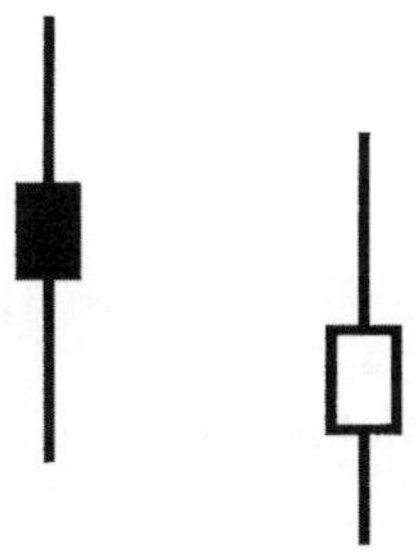

Abbildung 4.8: High-Wave-Kerzen

Abbildung 4.9 stellt ein interessantes Muster dar. Zunächst erscheinen mehrere High-Wave-Kerzen, und dann rutscht der Kurs dramatisch ab. Dabei handelt es sich um kein einfach zu erfassendes Signal, denn der große Einbruch erfolgt gegenüber den High-Wave-Kerzen verzögert. Trotzdem wird die Frage, wer die Oberhand hat, in drei von vier Sitzungen durch die High Waves beantwortet – und einige Sitzungen später stürzt der Preis ab.

Manchmal kündigt eine einzelne High-Wave-Kerze eine komplette Wende an, obwohl es in den vorangegangenen Sitzungen so aussah, als herrsche ein starker Trend. In Abbildung 4.10 erscheint nach einer dreitägigen Aufwärtsbewegung am vierten Tag eine High-Wave-Kerze. Dies ließe sich einfach als Fortsetzung des Anstiegs interpretieren, aber denken Sie daran, was obere und untere Schatten aussagen. Spinning Tops zeigen an, dass der Trend nachlässt, und die Position der High-Wave-Kerze macht deutlich, dass es an der Zeit ist, Kaufpositionen zu schließen oder eine Verkaufsposition einzugehen.

Abbildung 4.9: Mehrere High-Wave-Kerzen

Abbildung 4.10: High-Wave-Kerze

Abbildung 4.11: Doppeltes High-Wave-Muster

Eine **High-Wave-Kerze** ist eine Kerze mit kleinem Körper und langem oberen und unteren Schatten. Sie zeigt, dass die Marktteilnehmer desorientiert sind und die Kursbewegung an Dynamik verloren hat. Tritt sie auf, haben weder Käufer noch Verkäufer Einfluss auf die Richtung des Marktes.

High-Wave-Kerzen erscheinen häufig auch beim Ausbruch aus Widerstandszonen oder an neuen Kurshochs, und oft zieht sich der Markt sofort darauf wieder zurück. Genau diesen Fall sehen Sie in Abbildung 4.11: Der Preis legt im Laufe der Zeit nach und nach zu, doch dann tritt eine *Doppelformation* aus High-Wave-Kerzen auf. Dabei handelt es sich um ein besonders starkes Zeichen für eine sofortige Trendwende, und genau dies tritt ein.

Die High-Wave-Kerze kann sogar zum Ende eines Abwärtstrends auftreten. Hier sagt sie wenig über eine Wende aus, zeigt jedoch, dass sich der aktuelle Trend abschwächt. In Abbildung 4.12 bilden sich drei High-Wave-Kerzen. Die erste deutet auf das Ende des kurzfristigen Kursrücksetzers hin. Für sich genommen ist dies nicht besonders nützlich, weil noch nicht klar ist, ob eine Trendumkehr erfolgen wird. Anders liegt der Fall bei den an einem

Zwischenhoch auftretenden Kerzen Nummer zwei und drei. Es dauert einige Handelsperioden, bis sich der Kursverlauf entsprechend entwickelt, aber die beiden Candlesticks sind typisch für die Art, in der High Waves erscheinen.

Abbildung 4.12: Drei High-Wave-Tage

Wie die meisten technischen Analysten achte ich besonders auf dreifach auftretende Elemente. Ein kurzfristiger Aufwärtstrend sollte demnach aus drei oder mehr weißen Kerzen bestehen, von denen jede jeweils höhere Hochs und Tiefs besitzt. Für eine aussagekräftige Abwärtsbewegung gilt das Gegenteil: drei oder mehr schwarze Kerzen, jede mit fortlaufend niedrigeren Hochs und Tiefs. Dasselbe Muster beobachtet man häufig bei besonders starken Umkehrsignalen, bei denen High-Wave-Muster eine Rolle spielen. Diese müssen dabei nicht fortlaufend auftreten: Das ist ungewöhnlich, aber in Anbetracht des Musters der oberen Schatten nimmt die Formation die Trendwende vorweg.

Ähnliches gilt für das Auslaufen von Trends. Hier fungieren die unteren Schatten nicht vorrangig als Elemente einer High-Wave-Formation; sie definieren vielmehr ein neues Unterstützungsniveau. Je öfter die Verkäufer erfolglos versuchen, den Preis unter diese Linie zu drücken, desto wahrscheinlicher dreht der Markt wieder nach oben (s. Abbildung 4.14).

Abbildung 4.13: High-Wave-Dreierformation

Abbildung 4.14: Einzelkerzen definieren Unterstützungslinie

So wichtig Kerzenschatten sind, um die Wendepunkte von Trends zu ermitteln: Der Körper von Candlesticks ist gleichermaßen interessant. Kapitel 5 handelt daher von Mustern, bei denen es auf die Kerzenkörper ankommt.

4.3 Fragen zum Selbsttest

1. Ein langer oberer Schatten deutet gewöhnlich darauf hin, dass

    a. die Käufer den Kurs nicht mehr höher treiben können

    b. ein Aufwärtstrend bald umkehrt

    c. sich der laufende Trend abschwächt.

    d. Alle Antworten sind richtig.

2. Unter einem Shooting Star versteht man

    a. eine Kerze mit kleinem Körper und besonders langem unteren Schatten

    b. eine Kerze mit kleinem Körper und einem mindestens doppelt so langen oberen Schatten

    c. einen Hanging Man, der keine Lücke zur Kursspanne der vorangegangenen Handelsperiode lässt

    d. ein Spinning Top am Hoch des momentanen Aufwärtstrends.

3. Ein Shooting Star ist nur dann ein zuverlässiges Umkehrsignal, wenn

    a. zur Kursspanne des Vortages eine Aufwärtslücke besteht

    b. er in zwei oder mehr Handelssitzungen hintereinander auftritt

    c. er mit einem ungewöhnlich hohen Anstieg des Handelsvolumens einhergeht.

    d. Alle Antworten sind richtig.

4. Als psychologische Preiszone bezeichnet man

   a. den ursprünglichen Nettowert der Aktienposition eines Traders; die aktuelle Gewinnschwelle

   b. alle Preise über einem Widerstand oder unter einer Unterstützung, besonders nach einem Ausbruch mit massiver Kurslücke

   c. rundzahlige Kurse

   d. den Marktpreis, wenn er mit dem von Analysten geschätzten Zielpreis übereinstimmt.

5. Eine High-Wave-Kerze ist

   a. die dem Bewegungsmuster von Meereswellen gleichende Candlestick-Formation an einem Hoch unmittelbar vor dem Kursrückgang

   b. ein Zeichen dafür, dass die Käufer die Oberhand besitzen

   c. eine Kerze mit kleinem Körper und langem oberen und unteren Schatten und ein Zeichen für Desorientierung

   d. die Tendenz des Preises, nach einer besonders starken Bewegung in eine Richtung umzukehren.

Ihre Antworten können Sie auf Seite 224 überprüfen.

5. Engulfing Patterns

Bisher ging es nur um Signale, die aus einer Kerze bestehen. Noch mehr Aussagekraft besitzen natürlich Candlestick-Muster, die zwei oder mehr Handelsperioden umfassen. Beim Engulfing Pattern handelt es sich um eine aufschlussreiche Doppelformation, die sowohl eine Abwärts- („bearish") als auch eine Aufwärtsbewegung („bullish") ankündigen kann. Wie dies jeweils aussieht, zeigt Abbildung 5.1.

Das Engulfing Pattern ist eine Zwei-Kerzen-Formation, bei der der Körper der zweiten Sitzung den der vorangehenden Sitzung beidseitig überragt.

Bei einem Bearish Engulfing Pattern folgt ein schwarzer Körper auf einen weißen. Der Eröffnungskurs der zweiten Kerze liegt dabei höher und der Schlusskurs niedriger, sodass der schwarze den weißen Körper umschließt. Das Muster ist stark „bearish", weist also deutlich darauf hin, dass ein Aufwärtstrend sein Hoch erreicht hat und der Kurs vor einem Rückzug steht.

Das Bullish Engulfing Pattern stellt das Gegenstück dar. Hier liegt ein weißer Körper vor, der sowohl Eröffnungs- als auch Schlussniveau der schwarzen Kerze des Vortages überragt. Es tritt zum Ende eines Abwärtstrends auf und kündigt ebenso die Umkehr des Marktes an.

Wenn am rechten Ende des Trends ein entgegengesetzt gefärbter, den Körper der vorherigen Sitzung umschließender Candlestick auftritt („bearish" in einem Aufwärtstrend oder „bullish" in einem Abwärtstrend), wissen Sie, dass sich die Dynamik des Marktes ändert. Im Fall des Bearish Engulfing Pattern übernehmen die Verkäufer das Ruder von den Käufern und bei einem Bullish Engulfing Pattern die Käufer das von den Verkäufern.

Abbildung 5.2 verdeutlicht eine wichtige Eigenschaft des Engulfing Pattern: Ähnlich wie bei den Ein-Kerzen-Signalen Hammer und Shooting Star besitzt es umso größere Aussagekraft, je länger der Körper der umschließenden Sitzung ist.

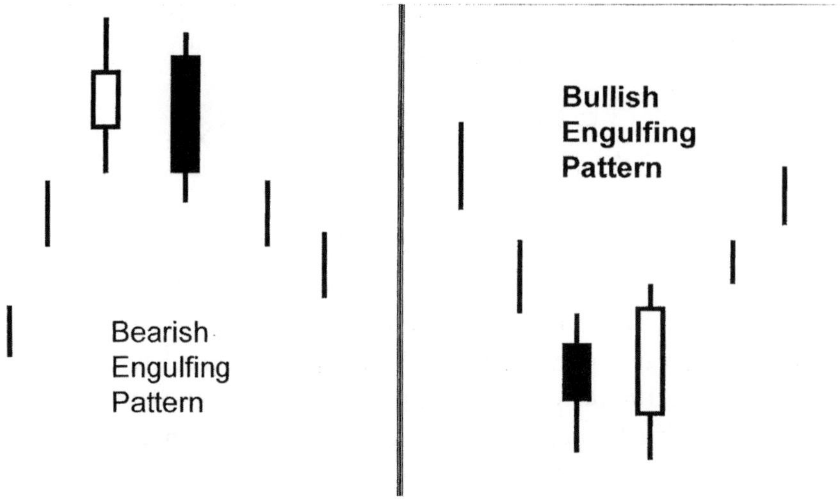

Abbildung 5.1: Engulfing Patterns

Abbildung 5.2: Engulfing Patterns

Das Bearish Engulfing Pattern am Hoch des Charts besitzt die typischen Merkmale der Formation. Allerdings ist die Kerze der umhüllenden schwarzen Sitzung nicht besonders lang. Die weiße umhüllende Sitzung am Ende des Abwärtstrends ist vergleichsweise viel stärker ausgeprägt.

Bei einem Bearish Engulfing Pattern tritt in einem Aufwärtstrend zuerst eine weiße und dann eine schwarze Kerze auf, wobei der Körper der zweiten Kerze den Körper der ersten Kerze beidseitig überragt. Das Muster kündigt die Wende des Marktes an.

Bei einem Bullish Engulfing Pattern tritt in einem Abwärtstrend zuerst eine schwarze und dann eine weiße Kerze auf, wobei der Körper der zweiten Kerze den Körper der ersten Kerze beidseitig überragt. Das Muster kündigt eine Wende des Marktes an.

5.1 Unterstützungs- und Widerstandsniveaus

Das Engulfing Pattern spielt jedoch nicht nur die Rolle des Umkehrsignals. Häufig entsteht auf halber Höhe des umhüllenden Körpers eine neue Widerstandslinie (in einem Bearish Pattern) bzw. eine neue Unterstützung (in einem Bullish Pattern) sowie ein nachgeordnetes Widerstands- bzw. Unterstützungsniveau an der oberen (Bearish Pattern) bzw. unteren (Bullish Pattern) Kerzenspitze. Als Beispiel zeigt Abbildung 5.3 ein Bullish Engulfing Pattern im 15-Minuten-Chart.

Man erwartet zunächst, dass die neue Unterstützung mittig im langen weißen Körper liegt. Allerdings wird diese Linie im Handelsverlauf durchbrochen, und erst das sekundäre Niveau am unteren Ende der Sitzung erweist sich als stabil. Diese Unterstützungszone besteht den Test, und anschließend geht der Kurs wieder in eine Aufwärtsbewegung über. Entsprechendes gilt für Hochs, wie Abbildung 5.4 deutlich macht.

Hier handelt es sich um ein noch überzeugenderes Beispiel für einen neu auftretenden Widerstand, wobei sich hier das sekundäre Niveau am Hoch des Bearish Engulfing Pattern als neues, stabiles Widerstandsniveau erweist.

Man sollte meinen, dass der Kurs einmal etablierte Unterstützungs- und Widerstandslinien nicht mehr testet. In der Praxis werden neue Niveaus aber häufig auf die Probe gestellt. Das zeigt auch Abbildung 5.5: Hier tritt am Ende der Abwärtsbewegung ein kleines Bullish Engulfing Pattern auf. Dort wendet der Trend, kehrt aber dann zurück und prallt zum zweiten Mal an der Unterstützung ab.

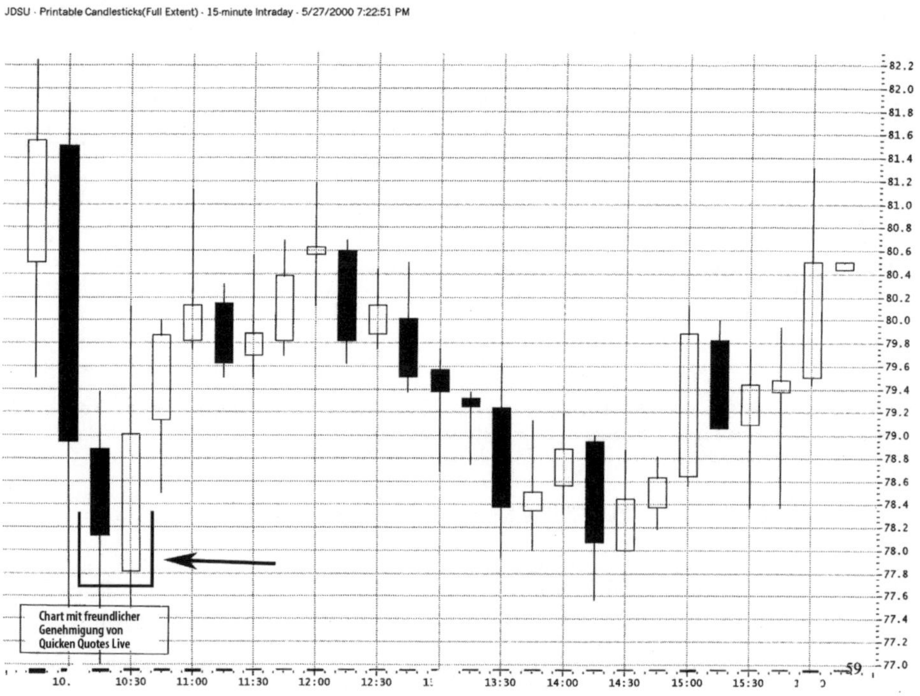

Abbildung 5.3: 15-Minuten-Chart mit Bullish Engulfing Pattern

Abbildung 5.4:Widerstand am Bearish Engulfing Pattern

Abbildung 5.5: Bullish Engulfing Pattern

Die Unterstützung liegt klar am Tief des Engulfing Pattern, und keine Periode schließt mehr unterhalb. Zwar fällt der Kurs beim zweiten Test unter dieses Niveau, liegt bis Handelsschluss aber wieder darüber. Für die, die auf einen steigenden Markt setzen, ist dies ermutigend. Es beweist, dass die Unterstützung Bestand hat.

Abbildung 5.6 zeigt einen weiteren Fall, in dem ein Bearish Engulfing Pattern ein neues Widerstandsniveau definiert. Hier wird nicht nur der erste Tag des Musters vom schwarzen Folgetag umfasst, sondern letzterer besitzt einen außergewöhnlich langen oberen und unteren Schatten.

Hier könnte an drei verschiedenen Stellen ein neuer Widerstand auftreten: 1) an der Spitze des oberen Schattens – ein, wie sich im weiteren Chartverlauf zeigt, stabiles Niveau, 2) am oberen Ende des Kerzenkörpers; dieser Bereich wurde nur einmal getestet, und danach fiel der Kurs zurück, sowie 3) in der Mitte der schwarzen Kerze. Dieser Kurs wurde jedoch in vier der folgenden Handelsperioden durchbrochen. Wenn Sie den Widerstand statt als Linie als

Kursbereich auffassen und bei den Bewegungen des Marktes mit Abweichungen rechnen, wird er zur zuverlässigen Orientierung.

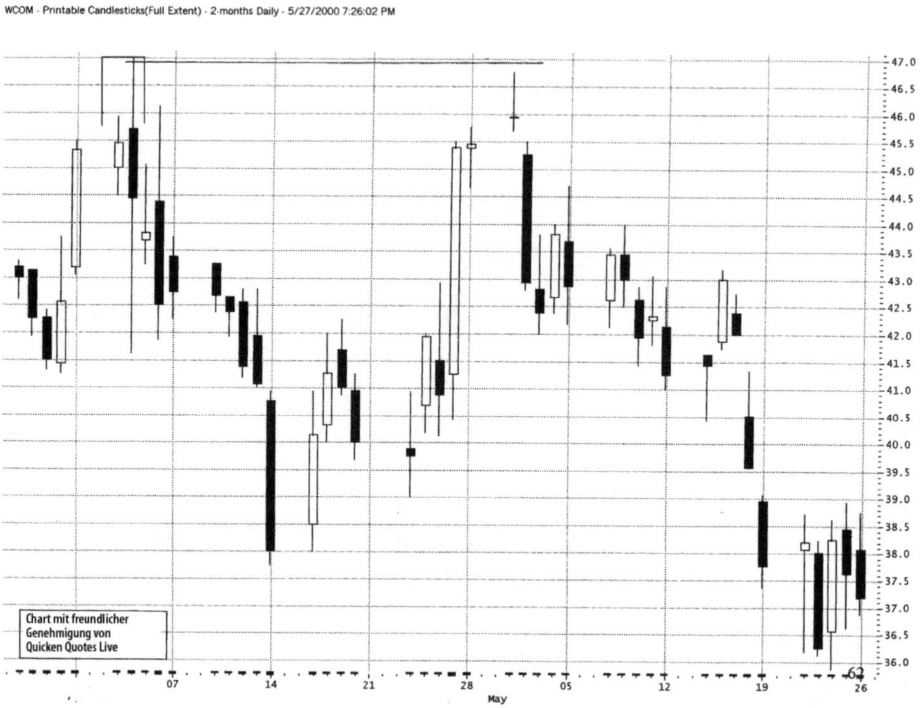

Abbildung 5.6: Widerstand am Bearish Engulfing Pattern

5.2 Trends

Abbildung 5.7 zeigt einige weitere interessante Interpretationsmöglichkeiten für das Engulfing Pattern. Im Innertages-Diagramm erscheinen deutlich erkennbare Bullish Engulfing Patterns, die eine ansteigende Reihe von Unterstützungslinien etablieren. Beachten Sie die drei Doji, die dem starken Aufwärtstrend vorausgehen.

Natürlich läuft kein Trend ewig, aber hier sprechen einige Punkte durchaus dafür, dass die Aufwärtsbewegung wenigstens kurzfristig anhalten wird. Die drei direkt aufeinanderfolgenden Doji sind recht ungewöhnlich.

Der Kurs legt kräftig zu, und in solchen Phasen pflege ich zu sagen: „Sollen die Käufer ihre Kraft beweisen.“ Dies gilt, bis am höchsten Punkt das Bearish Engulfing Pattern erscheint, das verschiedene Deutungen erlaubt. Zum einen ließe sich der schnelle Anstieg und unmittelbare Rückzug als Test eines Widerstands auffassen (im vorangegangenen Handel etabliert und in späteren Sitzungen mit Seitwärtsbewegung bestätigt). Zum anderen könnte man auch einen „typischen“ kurzfristigen Aufwärtstrend sehen, gefolgt von einer Abwärtsbewegung – dem klassischen Swingtrade-Muster. Wichtig ist, dass die Candlestick-Muster in beiden Fällen ein gutes, das Bearish Engulfing Pattern am Hoch sogar ein ausgezeichnetes Timing erlauben.

Abbildung 5.7: Kraftprobe für die Käufer

Bisweilen gibt es den Fall, dass ein Trend auszulaufen scheint, wobei jedoch keine sichere Aussage möglich ist. Die Signale widersprechen sich. Beispielsweise liegen mehrere Abwärtstage vor sowie eine abschließende Sitzung mit enger Kursspanne – ein klassisches Umkehrsignal, wie es von Swingtradern genutzt wird (s. Abbildung 5.8).

Die Abwärtsbewegung verläuft ziemlich rasch und scheint zunächst in einer Handelsperiode mit enger Spanne zu enden, gefolgt von einer Sitzung mit noch kürzerem Körper. Doch obwohl es sich um aussagekräftige Signale handelt, bleiben die Candlesticks schwarz, was darauf hindeutet, dass der Abwärtstrend möglicherweise noch nicht tatsächlich vorüber ist. Im Idealfall besitzt die Kerze an dieser Stelle nicht nur einen kurzen Körper, sondern auch die entgegengesetzte Farbe. Hier würde also ein weißer Candlestick dem Muster mehr Gewicht verleihen.

Abbildung 5.8: Bullish Engulfing Pattern – widersprüchliche Signale

Wie geht man mit solcher Ungewissheit um? Diese Frage wird in den nächsten zwei Handelsperioden beantwortet, in denen sich ein Bullish Engulfing Pattern ausbildet. Damit liegt nicht nur ein starkes Umkehrsignal vor, sondern auch eine Bestätigung dafür, dass der Abwärtstrend wie durch die kurzen Kerzen angekündigt tatsächlich ausläuft. Signal und Bestätigung liegen vor und der Zeitpunkt ist gekommen, auf einen Kursanstieg zu setzen.

In einer weiteren Variante des Engulfing Pattern überragt der lange Kerzenkörper nicht nur die vorangegangene, sondern gleich mehrere vorherige

Sitzungen. Wenn ein Trend nachlässt, treten oft auch Candlesticks mit kürzeren Körpern auf. Dies ist dadurch zu erklären, dass die Marktteilnehmer auf beiden Seiten vorsichtig werden. Dennoch lässt sich nicht allein anhand der kleineren Kerzenkörper erkennen, ob der Trend wendet oder weiterläuft. Gelöst wird das Rätsel, wenn ein Engulfing Pattern erscheint, das die vorangegangenen Handelsperioden umfasst. Abbildung 5.9 zeigt ein Beispiel für dieses Muster.

Abbildung 5.9: Bearish Engulfing Pattern

Die schwarze umhüllende Kerze überdeckt die Kursspanne der fünf Vorperioden. Dies ist ein ungemein starkes Signal, und in der Folge entsteht ein steiler Abwärtstrend mit langen schwarzen Kerzen und Lücken. Auch das Längenverhältnis zwischen umfassender und umfasster Kerze ist aufschlussreich. Im typischen Fall besitzen beide Perioden etwa gleich große Spannen. Wird jedoch eine sehr kurze von einer viel längeren Kerze umschlossen, deutet dies auf eine scharfe Trendumkehr hin; zudem entsteht häufig ein neuer, stabiler Widerstand (an einem Hoch) oder eine Unterstützung (an einem Tief). Ein Bearish Engulfing Pattern dieses Typs ist in Abbildung 5.10 dargestellt.

Abbildung 5.10: Bearish Engulfing Pattern

Abbildung 5.11: Neue Unterstützung – Aufwärtstrend

Die neue Widerstandslinie bleibt auch im folgenden Handelsverlauf intakt, und durch die große Differenz in der Länge der Kerzenkörper erhält das Niveau hohes Gewicht. Natürlich wäre es unklug, die Analyse auf die Kursentwicklung einer einzigen Sitzung zu beschränken. Auch der Markt insgesamt muss berücksichtigt werden. Abbildung 5.11 zeigt, wie dies funktioniert.

Zu sehen ist eine ungemein dynamische Aufwärtsbewegung, die an Schwung verliert und umkehrt. In dieser Situation dürften viele Marktteilnehmer unsicher sein. Fällt der Kurs auf frühere Tiefs zurück oder setzt sich die Bewegung nach einer Pause fort? Den ersten Hinweis erhalten wir dadurch, dass der kurze, steile Kursrutsch endet, obwohl der Dow-Jones-Index am selben Tag 150 Punkte verliert. Im Prinzip sollten sich Aktien mit dem Dow Jones mitbewegen, was für McDonald's als Indexmitglied allemal gilt. Stattdessen erscheint am Tag des Dow-Einbruchs ein Bullish Engulfing Pattern, das (richtigerweise) eine neue Aufwärtsbewegung ankündigt.

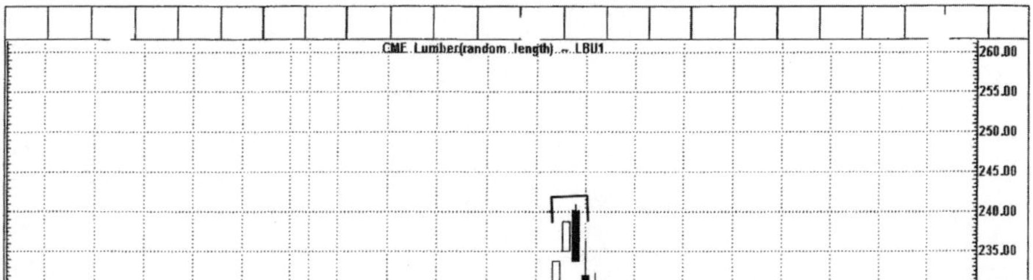

Abbildung 5.12: Kurstrends

Manchmal verläuft ein Trend völlig ohne erkennbare Signale – bis unvermittelt ein klares Umkehrmuster erscheint. Abbildung 5.12 zeigt den Preis für Bauholz-Terminkontrakte. Zunächst tendiert der Markt seitwärts und geht dann plötzlich in eine Aufwärtsbewegung über. Wie wissen Sie hier, wann Sie aussteigen sollen, wenn sich der Preis immer weiter in dieselbe Richtung entwickelt? Indem Sie nach einem Engulfing Pattern Ausschau halten!

In diesem Beispiel endet der Kursanstieg abrupt in einem Bearish Engulfing Pattern. Das Signal war nicht zu übersehen, und in der Folge gibt der Kurs die Gewinne aus dem Aufwärtstrend wieder ab und fällt auf frühere Tiefs zurück. Der Markt sendet jederzeit solche Botschaften, und die Aufgabe von Analysten und Händlern besteht darin, diese Hinweise zu entdecken und zu deuten.

5.3 Fragen zum Selbsttest

1. Als Engulfing Pattern bezeichnet man

   a. eine lange Kerze, die Eröffnungs- und Schlusskurs der folgenden Sitzung überragt

   b. eine lange Kerze, die Eröffnungs- und Schlusskurs der vorherigen Sitzung überragt

   c. einen Trend, der eine Kurslücke in einer vorangegangenen, entgegengesetzten Bewegung vollständig schließt

   d. eine geschlossene Lücke, die von einem Kurs oberhalb eines Widerstands (Abwärtstrend) zurückfällt oder von unterhalb einer Unterstützung (Aufwärtstrend) wieder ansteigt.

2. Zu einem Bearish Engulfing Pattern gehören

   a. zwei Kerzen am Hoch eines Aufwärtstrends

   b. eine Sitzung mit einem schwarzen Kerzenkörper, dessen Eröffnungs- und Schlusskurs Eröffnung und Schluss der vorherigen Sitzung umfassen

   c. eine weiße Kerze, gefolgt von einer schwarzen Kerze.

   d. Alle Antworten sind richtig.

3. Ein Bullish Engulfing Pattern

   a. tritt am Ende eines Abwärtstrends auf

   b. besteht immer aus zwei weißen, auf eine Reihe schwarzer Candlesticks folgenden Kerzenkörpern

   c. liegt am Ende einer Aufwärtsbewegung und deutet auf eine Fortsetzung des Trends hin.

d. Alle Antworten sind richtig.

4. An einem Engulfing Pattern

   a. entsteht oft ein neuer Widerstand, jedoch keine neue Unterstützungslinie, da das Muster prinzipiell keinen Kursrückgang aufhalten kann

   b. kann ein neuer Widerstand (Bearish Engulfing) oder eine neue Unterstützung (Bullish Engulfing) auftreten

   c. tritt oft ein neuer Widerstand (Bullish Engulfing) oder eine neue Unterstützung (Bearish Engulfing) auf.

   d. Zwischen einem Engulfing Pattern und Widerstands- und Unterstützungsniveaus besteht kein direkter Zusammenhang.

5. Wenn die umschließende Kerze eines Engulfing Pattern Eröffnungs- und Schlusskurs mehrerer vorangegangener Perioden überragt

   a. liegt kein echtes Engulfing Pattern vor, sondern ein Fehlsignal

   b. stellt das Muster ein besonders starkes Umkehrsignal dar

   c. ist die Formation als Umkehrsignal unzuverlässig

   d. stellt es kein Umkehrsignal mehr dar, sondern deutet auf die Fortsetzung des aktuellen Trends hin.

Ihre Antworten können Sie auf Seite 224 überprüfen.

6. Weitere Zwei-Kerzen-Formationen

6.1 Dark Cloud Cover

Es gibt viele verschiedene Formen/Spielarten von Zwei-Kerzen-Formationen. Bei der *Dark Cloud Cover* („Dunkle Wolkendecke“) zum Beispiel erscheint ein schwarzer Candlestick, der über dem Schlusskurs der vorangegangenen Sitzung eröffnet und innerhalb des Körpers des Vortages schließt. Nach einer höheren Eröffnung fällt der Preis. Die genauen Merkmale der Formation sind in Abbildung 6.1 zusammengefasst.

Ein Chartbeispiel finden Sie in Abbildung 6.2: Nach einer weißen Kerze eröffnet die Folgesitzung mit einer Aufwärtslücke. Dies stimmt Marktteilnehmer mit Kaufpositionen froh, da der Kurs kräftig anzuziehen scheint. Natürlich lässt sich bei Handelsbeginn unmöglich voraussehen, dass der Kurs wieder fallen wird, aber dann bildet der Kurs eine Dark Cloud Cover aus.

Nach dieser Entwicklung werden die Trader auf Käuferseite ihre Einschätzung des Trends überdenken. Möglicherweise ist es an der Zeit, Verluste bei Kaufpositionen zu begrenzen oder sogar auf einen Kursrückgang zu setzen. In der Tat folgt in Abbildung 6.2 eine Abwärtsbewegung, wie es der Dark Cloud Cover als starkes Signal für einen fallenden Markt entspricht. Die bei der Eröffnung zunächst auftretende Kurslücke täuscht. Die Formation entspricht in etwa einem Bearish Engulfing Pattern – aber nicht ganz: Fasst man das Engulfing-Muster als totale Sonnenfinsternis auf, lässt sich die Dark Cloud Cover mit einer partiellen Finsternis vergleichen. Die Aussagekraft der beiden Muster hängt dabei von Details ab. So würde ich mich eher auf eine Dark Cloud Cover verlassen, die einen Widerstand bestätigt, als auf ein Engulfing Pattern, bei dem dies nicht der Fall ist. In Abbildung 6.3 finden Sie ein Beispiel für eine Dark Cloud Cover, an der ein Widerstand entsteht.

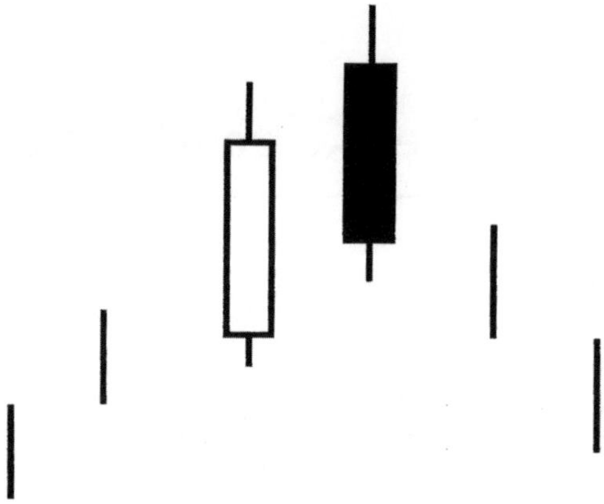

Abbildung 6.1: Die Dark Cloud Cover

Abbildung 6.2: Dark Cloud Cover

In dem Chart des Internetunternehmens Yahoo etabliert eine Dark Cloud Cover eine deutlich erkennbare Widerstandslinie (erste Markierung). Nach dem folgenden starken Kurssprung in der Sitzung vor dem Hoch ist es äußerst nützlich, dass das Muster erneut auftritt (zweite Markierung) und das Auslaufen und die Umkehr des Trends anzeigt. Andernfalls ließe sich unmöglich absehen, wann der Anstieg sein Hoch erreicht hat.

Abbildung 6.3: Neuer Widerstand an einer Dark Cloud Cover

Der Markt reagiert nicht immer sofort. So kann nach einer Lücke erst auch eine lange weiße Kerze auftreten. Dies ist ein Hinweis auf eine zu rasche Bewegung, durch die sich der Trend erschöpft. Wenn dann eine Dark Cloud Cover auftritt, bedeutet das wahrscheinlich, dass ein Abwärtstrend folgen wird – nicht unbedingt in der nächsten Handelsperiode, aber bald. In Abbildung 6.4 sehen Sie genau dieses Muster entstehen. Danach läuft der Markt seitwärts, bis die Abwärtsbewegung einsetzt.

Abbildung 6.4: Dark Cloud Cover

6.2 Auftreten von Doji

Es ist wichtig, auf Signale zu achten, die das eigentliche Muster ergänzen. Beispielsweise tritt im Wal-Mart-Diagramm in Abbildung 6.5 nach einem langen weißen Candlestick ein Doji auf. Wie können Sie hier beurteilen, wann die Formation abgeschlossen ist? Denken Sie daran: Sie kennen die Form der aktuellen Kerze erst bei Handelsschluss.

Bei diesem Kursverlauf richte ich das Augenmerk auf den Doji, der mit der vorherigen Sitzung eine ungewöhnliche Dark Cloud Cover bildet. Ungewöhnlich deshalb, weil der Eingangskurs unter dem Schlusskurs der weißen Kerze liegt, dann darüber klettert und wieder zurückfällt. Das Muster demonstriert, dass Candlestick-Formationen nicht immer perfekt den „Regeln" zu ihrem Aussehen entsprechen. Es ist vor allem die folgende Kursentwicklung, die zählt.

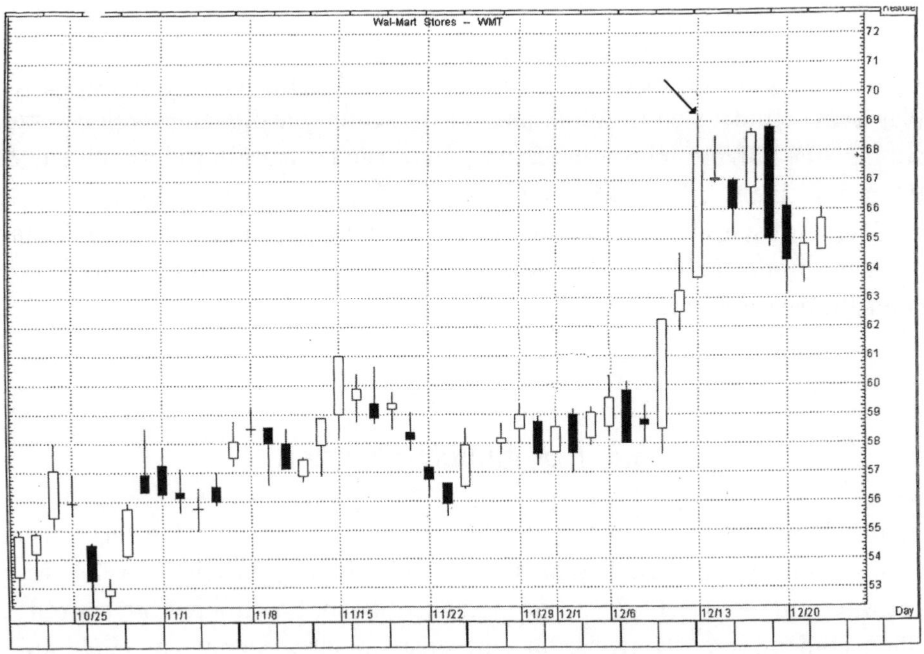

Abbildung 6.5: Doji nach langem weißem Kerzenkörper

Abbildung 6.6: Dark Cloud Cover

Obwohl der Preis im dargestellten Fall zurückging, entwickelte er sich sehr sprunghaft. Ein besseres Beispiel für die Dark Cloud Cover – ebenfalls für Wal-Mart – findet sich in Abbildung 6.6. Beachten Sie die lange weiße Kerze, auf die eine kürzere schwarze Sitzung folgt. Die Formation sieht nach einem Hoch mit einem neuen Widerstand aus, was jedoch erst durch das zweite markierte Muster aus einer kurzen und einer langen schwarzen Kerze bestätigt wird. In der Folge gibt der Markt ein Stück nach, konsolidiert und setzt den Abwärtstrend fort.

6.3 Kombinierte Kerzen

Häufig treten Folgen von Candlesticks auf, die nicht dem idealen Muster entsprechen. Zur präzisen Analyse ist es hier häufig nützlich, zwei Kerzen zu einer „kombinierten" Kerze zusammenzufassen. So erhalten Sie bisweilen einen eindeutigeren Hinweis, ob ein sonst unklares Signal auf einen steigenden oder fallenden Markt hindeutet. Das Prinzip des Kombinierens ist in Abbildung 6.7 dargestellt.

Durch das Zusammenführen von Kerzen lassen sich Muster besser interpretieren, deren Bedeutung zunächst nicht klar ist. Wie Sie wissen, funktioniert die Candlestick-Methode bei allen Periodenlängen. Ein Chart mit 15-Minuten-Kerzen etwa ist genauso aussagekräftig wie ein Diagramm mit Tageskerzen. Die Kombination von Kerzen erleichtert die Analyse, wenn die Veränderungen im Markt an den einzelnen Candlesticks nicht unmittelbar deutlich werden.

Bei der **Kombination von Candlesticks** werden zwei oder mehr Handelsperioden zu einer einzigen Kerze zusammengefasst. Dadurch lassen sich der Trend und die Bedeutung von Mustern und Preisbewegungen häufig klarer erkennen.

Um zwei Kerzen zusammenzufassen, geht man vom Eröffnungskurs der ersten Periode aus. Er wird zur Eröffnung der Kombinationskerze. Der Schlusskurs der zweiten Sitzung wird dann zum Schluss der neuen Kerze. Auf diese Weise verschmelzen eine weiße und nachfolgende schwarze Sitzung zu einer kurzen weißen Kerze, da das Schlussniveau der zweiten Periode höher liegt als das Eröffnungsniveau der ersten. Zum Abschluss werden die Schatten angefügt: Der obere Fortsatz der kombinierten Kerze reicht bis zum jeweils höheren Hoch der Einzelkerzen, der untere Schatten zum tieferen Tief.

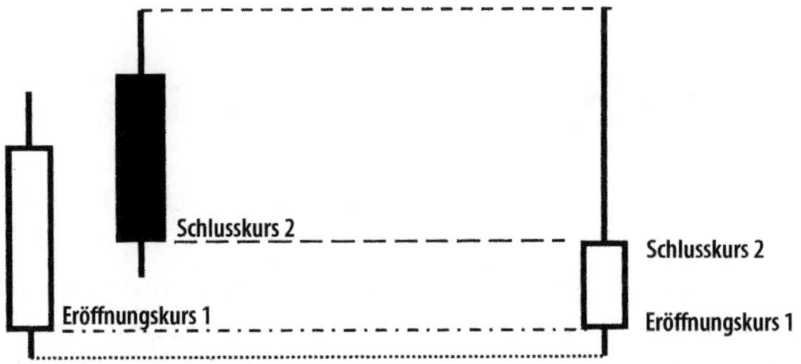

Abbildung 6.7: Kombinieren von Candlesticks

In unserem Beispiel waren die beiden Einzelperioden für sich schwierig zu interpretieren. Die Kombinationskerze mit dem langen oberen Schatten dagegen lässt einen hohen Abwärtsdruck im Markt erkennen. Bei der Kombination von drei oder mehr Sitzungen ist die Vorgehensweise dieselbe: Der erste Kurs der ersten Periode eröffnet auch den kombinierten Candlestick, der Schlusskurs der letzten Periode entspricht dem Schluss, und die Schatten reichen bis zum höchsten Hoch und tiefsten Tief der Einzelkerzen.

Die Kombinationstechnik muss mit Bedacht angewendet werden. Die Daten dürfen auf keinen Fall manipuliert werden, um ein gewünschtes Ergebnis zu erzielen. Die Analyse soll besser werden, nicht verfälscht. Ein Weg ist dabei, die Periodenlänge des Diagramms zu variieren. Wenn Sie beispielsweise einen Chart mit Wochenkerzen für aussagekräftiger halten als einen täglichen Chart und die Darstellung entsprechend verändern, kombinieren Sie die täglichen Sitzungen. Bei der Umstellung von 15-Minuten-Kerzen auf Stundenkerzen werden aus vier Perioden eine.

Ausschlaggebend ist, dass Sie die Periodenlänge wählen, die Ihren Erfordernissen am besten entspricht und Informationen für ein besseres Timing liefert. Viele werden daher bei ihrer gewohnten Periodenlänge bleiben und gelegentlich einige Sitzungen zusammenfassen, um möglicherweise bessere Signale zu erhalten.

Betrachten Sie die Kombinationstechnik als Instrument, ein entstehendes Muster einer zusätzlichen Analyse zu unterziehen. Unter Umständen entdecken Sie so starke Umkehrsignale, die sich im Verlauf zweier oder dreier Einzelsitzungen verbergen.

6.4 Das Piercing Pattern

Das Zusammenfassen von Candlesticks liefert bisweilen Erkenntnisse, die sonst vielleicht unbemerkt blieben. Ein gutes Beispiel stellt das sogenannte Piercing Pattern („Durchstoßmuster") dar (s. Abbildung 6.8).

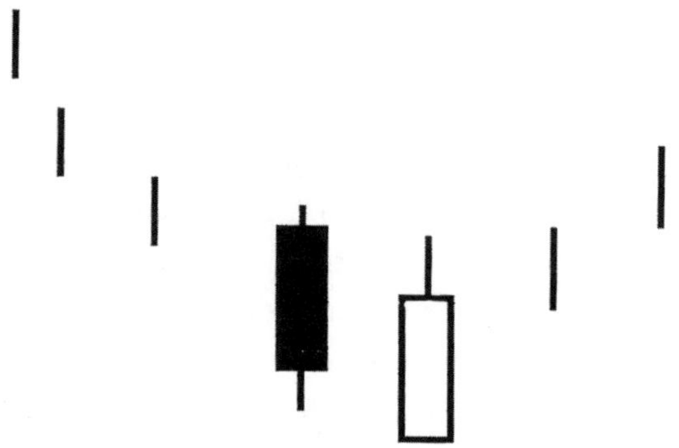

Abbildung 6.8: Piercing Pattern

Die Piercing Line ist das Gegenteil der Dark Cloud Cover. Im gezeigten Beispiel ist der Markt im Fallen begriffen; da schwarze Körper auftreten – und dies mehrere Handelsperioden in Folge –, haben offensichtlich die Pessimisten die Oberhand. Dann erscheint ein weißer Kerzenkörper. Nun wissen Sie allerdings bis zum Handelsschluss nicht, dass der Körper weiß sein wird.

Als **Piercing Pattern** (auch Piercing Line) bezeichnet man ein Zwei-Kerzen-Muster mit verschiedenfarbigen Candlesticks. Eine Bullish Piercing Line tritt in einem Abwärtstrend auf. Nach einer schwarzen Kerze eröffnet die zweite Sitzung unterhalb des Schlusskurses der vorangegangenen Periode und endet nach einem Anstieg als weiße Kerze im Körper der vorherigen Sitzung.

In Abbildung 6.9 lässt sich eine Dark Cloud Cover am Hoch eines Kursanstiegs mit einer Piercing Line an einem Tief vergleichen. Beide stellen ein Umkehrsignal dar. Beachten Sie beim Piercing Pattern die Lücke zwischen Schlusskurs des ersten und Eröffnung des zweiten Tages: Durch diesen Abstand zwischen den Kerzen gewinnt die Formation an Signifikanz.

Auch an Piercing Lines kann ein neues Widerstands- oder Unterstützungsniveau entstehen, häufig in der Mitte der ersten Kerze. Im betrachteten Fall bedeutet dies eine Unterstützung im Bereich von 53 Dollar oder 54 Dollar – und genau dies belegt der Blick auf den folgenden Handelsverlauf. Abbildung 6.10 zeigt einen Fall, in dem das Muster eine zuvor etablierte Unterstützung bestätigt.

Abbildung 6.9: Dark Cloud Cover und Piercing Pattern

Das Niveau liegt gut erkennbar bei etwa 53,60 Dollar. Die zweite Kerze der Piercing Line fällt zunächst unter dieses Niveau, doch dann zieht der Kurs an und eine kräftige Aufwärtsbewegung setzt ein. Das Muster stellt hier ein unscheinbares, aber bedeutsames Umkehrsignal dar. Etabliert eine Piercing Line hingegen eine neue Unterstützungslinie, wird sie oft einige Sitzungen lang getestet, bis sich die Verkäufer endgültig nicht mehr gegen die von den Käufern getriebene Aufwärtsbewegung stemmen können. Diese Art der verzögerten Reaktion sehen Sie in Abbildung 6.11, einem Chart des US-Einzelhandelskonzerns Dayton-Hudson, dem Vorgänger der heutigen Target Corporation.

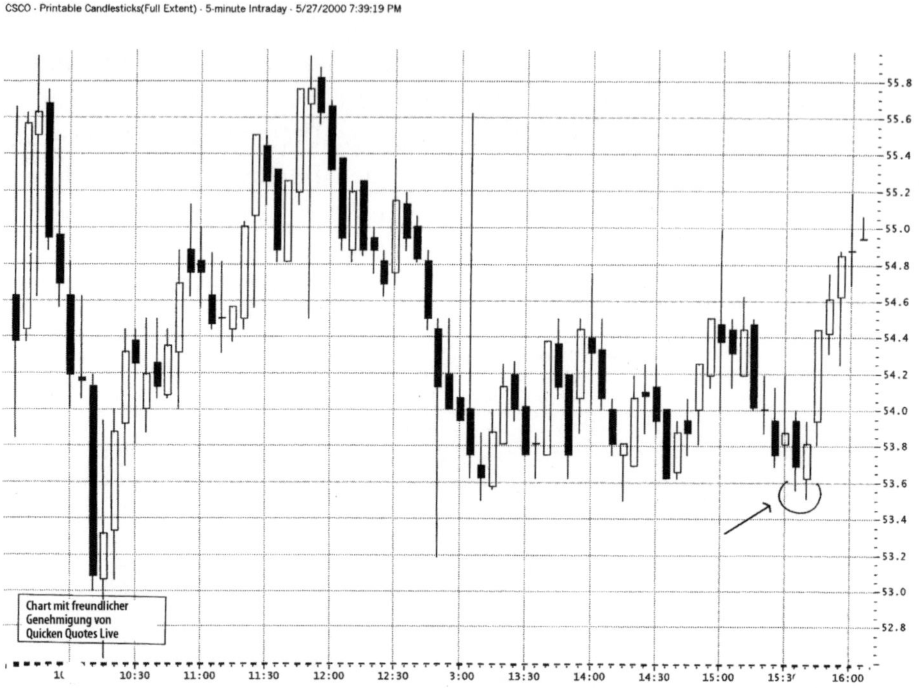

Abbildung 6.10: Piercing Pattern

Abbildung 6.11: Piercing Pattern bei Dayton-Hudson

Abbildung 6.12: Piercing Pattern am Ende einer starken Abwärtsbewegung

Abbildung 6.13: Piercing Pattern beim US-T-Bond-Future

Bei dieser Piercing Line eröffnete die zweite Sitzung mit einer ausgeprägten Kurslücke, von der aus sich ein langer weißer Candlestick entwickelt. So entsteht eine Dreierkombination aus Bestätigungssignalen: Piercing Line, eine Abwärtslücke mit nachfolgender weißer Sitzung sowie die Länge der weißen Kerze. Jedes einzelne von ihnen weist deutlich auf einen Kursanstieg hin, aber in Kombination besitzen sie besondere Aussagekraft. Beachten Sie, wie der Kurs in mehreren folgenden Handelssitzungen an der neuen Unterstützungslinie abprallt und dann steil anzieht.

Wie bei praktisch allen Candlestick-Mustern darf man nicht nur die Kursentwicklung einzelner Aktien betrachten, sondern muss auch das breitere Marktumfeld berücksichtigen. Abbildung 6.12 zeigt einen starken Abwärtstrend, der in einem Piercing-Line-Muster endet. Hier erreicht der Markt in dem Chart des Onlinedienstes AOL ein Unterstützungsniveau, das bereits deutlich früher vor einem zwischenzeitlichen Kursanstieg etabliert wurde. Bemerkenswert ist allerdings, dass der Dow-Jones-Index an dem Tag, an dem die Piercing Line auftritt, 250 Punkte abgerutscht war.

Zuletzt kann ein Piercing Pattern auch in Doppelformation auftreten. Hier folgt auf eine Piercing Line aus zwei Sitzungen erneut das gleiche Muster. Ein Beispiel sehen Sie in Abbildung 6.13 für den US-T-Bond-Future, einen Terminkontrakt auf eine hypothetische zehnjährige US-Staatsanleihe. In diesem Fall bildet sich auch ein neues Unterstützungsniveau aus, das sich bei einem späteren Test bewährt.

Muster werden also auf viele Arten bestätigt. Wenn Sie also die erste Piercing Line sehen und zögern, bekommen Sie mit der Wiederholung des Musters einen zweiten Hinweis – wie durch das zweite Klingeln des Weckers, wenn Sie die Schlummertaste gedrückt haben. Es ist an der Zeit, Verkaufspositionen glattzustellen oder Kaufpositionen zu eröffnen, da ein Kursanstieg bevorsteht.

6.5 Fragen zum Selbsttest

1. Eine Dark Cloud Cover

   a. ist ein Zwei-Kerzen-Muster, das am Ende einer Abwärtsbewegung auftritt und eine Trendwende signalisiert

   b. liegt vor, wenn nach einer weißen eine schwarze Kerze erscheint, deren Eröffnungs- und Schlusskurs niedriger liegen und von der Kursspanne der vorangegangenen Sitzung „abgedeckt“ (covered) werden

   c. bildet sich durch eine über dem Schlusskurs einer vorangegangenen weißen Kerze eröffnende Sitzung, die nach einem Preisrückgang als schwarze Kerze schließt

   d. deutet je nach Reihenfolge der Candlestick-Farben entweder auf einen steigenden oder einen fallenden Markt hin.

2. Die Bestätigung einer Dark Cloud Cover erfolgt durch

   a. einen folgenden Preisrückgang

   b. einen folgenden Preisanstieg

   c. einem von einer Aufwärtslücke ausgehenden Doji

   d. ungewöhnlich hohe Spitzen beim Handelsvolumen.

3. Von Kombinieren spricht man

   a. wenn statt eines einzelnen Candlestick-Musters die Charts mehrerer Werte derselben Branche analysiert werden

   b. wenn Verluste mit profitablen Transaktionen gegengerechnet werden, um das Portfolio auszugleichen

   c. bei der Diversifikation in verschiedene Aktien oder Rohstoffe

d. wenn zwei oder mehr Kerzen zu einem einzigen Candlestick zusammengefasst werden.

4. Beim Piercing Pattern

   a. treten jeweils zwei Candlesticks mit verschiedener Farbe auf

   b. eröffnet die zweite Kerze unter der Kursspanne der ersten Kerze (Hinweis auf steigenden Kurs) oder über der Kursspanne der ersten Sitzung (Zeichen für fallenden Kurs)

   c. schließt die zweite Sitzung innerhalb der Kursspanne der ersten Sitzung.

   d. Alle Antworten sind richtig.

5. Piercing Lines

   a. können Unterstützungs- und Widerstandsniveaus etablieren oder bestätigen

   b. stehen in keiner besonderen Beziehung zu übergeordneten Kursbarrieren

   c. besitzen nur dann Aussagekraft, wenn sie von besonders hohen Handelsvolumina oder anderen Candlestick-Signalen bestätigt werden.

   d. Alle Antworten sind richtig.

Ihre Antworten können Sie auf Seite 224 überprüfen.

7. Harami, Morning Star und Evening Star

7.1 Harami

Die nächste, ebenfalls zwei Handelsperioden umfassende Kerzenformation wird als Harami bezeichnet. Im Japanischen bedeutet dieses Wort „schwanger" – eine für das Muster treffende Bezeichnung.

Die Farbe des zweiten Candlesticks ist ohne Bedeutung. Beim Harami kommt es vielmehr auf Gestalt und Länge der beiden Sitzungen an. Beispiele für das Muster finden Sie in Abbildung 7.1.

Manchmal spricht man bei der Formation auch von der Mutter- und der nachfolgenden Babykerze. Je extremer der Größenunterschied ausfällt, desto stärker ist das Signal. In Abbildung 7.2 etwa schließt sich an einen sehr langen schwarzen Candlestick eine äußerst kurze schwarze Sitzung an – eine klassische Harami-Formation.

Sie werden feststellen, dass der Harami zuverlässig eine Trendwende ankündigt. Dabei lassen sich die Umkehrsignale jeweils leicht erkennen. Wenn ein Harami am Hoch eines Kursanstiegs auftritt, ist die erste Kerze gewöhnlich weiß und geht einer Abwärtsbewegung voraus. An einem Tief erwartet man natürlich als Erstes eine schwarze Sitzung und dann einen Anstieg. Abbildung 7.3 zeigt in einem einzigen Kursdiagramm des Unternehmensdienstleisters Marsh & McLennan drei Hochs mit Trendumkehr.

Der Kurs in dem Chart nimmt einen interessanten Verlauf: Im ersten Anstieg setzt er sich deutlich über ein bestehendes Widerstandsniveau hinweg, aber dann erscheint ein Harami-Muster. Genau wie dieses Umkehrsignal erwarten lässt, scheitert der Durchbruch schließlich und der Preis gibt wieder nach. Beim zweiten Mal bildet sich der Harami am Hoch eines noch steileren Kurssprungs. Hier klaffen zudem im Preisverlauf Lücken, häufig ein Zeichen für eine zu rasche Bewegung. Das dritte und höchste der drei Harami-Muster tritt nach zwei langen weißen Kerzen auf, was ebenfalls auf eine Überhitzung hindeutet.

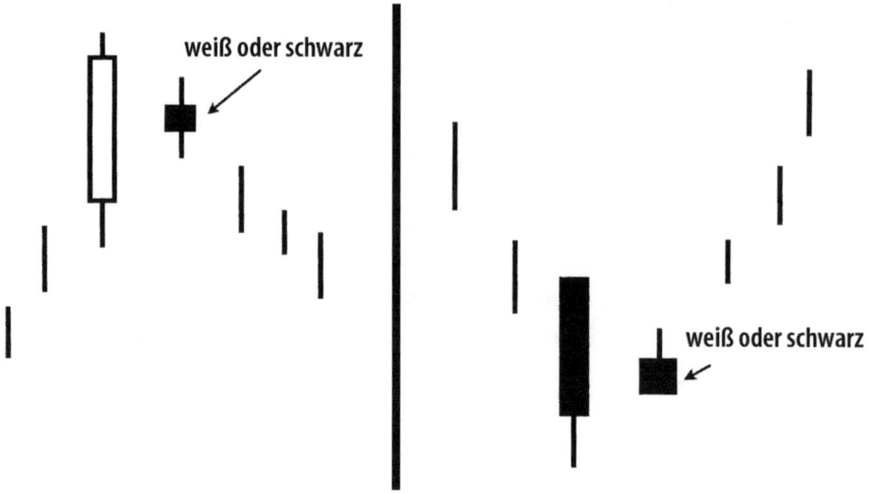

Abbildung 7.1: Harami

Abbildung 7.2: Harami

Abbildung 7.3: Harami – dreimalige Trendwende bei Marsh & McLennan

Abbildung 7.4: Harami – Abwärtstrend bei Amazon

Eine entsprechende Signalfunktion besitzt die Formation an einem Markttief. In Abbildung 7.4 beispielsweise endet ein Abwärtstrend im Chart des Internet-Einzelhändlers Amazon mit einem Harami, wobei die zweite Kerze des Musters einen sehr kurzen Körper besitzt. Swingtrader sprechen hier von einem „narrow range day" (oder einem NRD). Erwartungsgemäß dreht der Kurs sofort steil nach oben.

Läuft ein Trend zu rasch zu weit in eine Richtung, müssen Sie mit einer Wende rechnen. In diesen Fällen wird die Umkehr oft durch einen Harami angekündigt. Im Chart der Intel-Aktie in Abbildung 7.5 geschieht genau dies: Der Kurs steigt sechs Sitzungen lang, und dann erscheint ein Harami. Damit schließt der Markt erstmals wieder tiefer und wir erhalten eine deutliche Warnung vor einer Kurskorrektur.

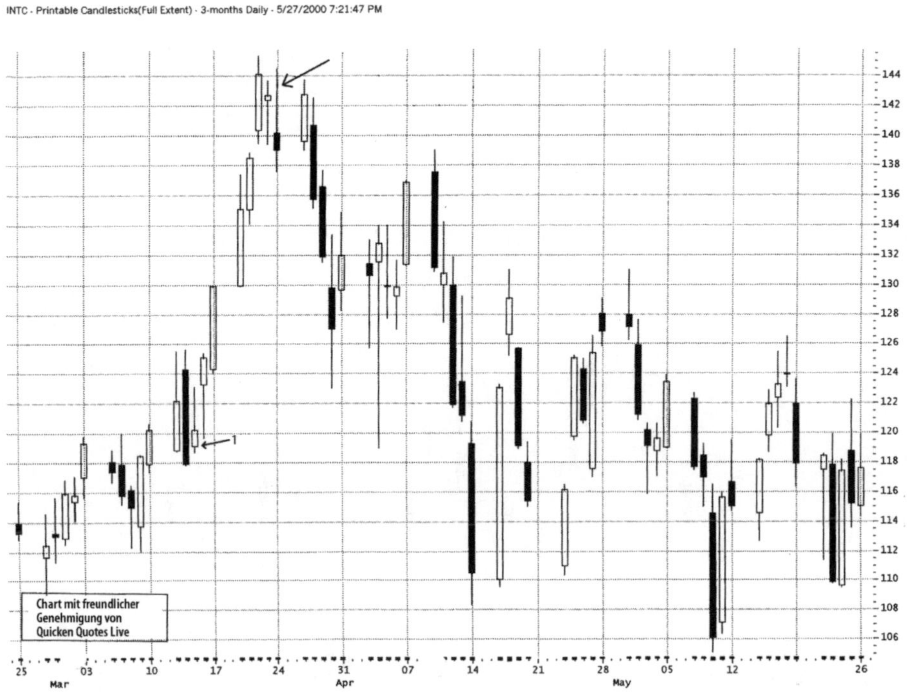

Abbildung 7.5: Harami – erster niedrigerer Schlusskurs (1) im Aufwärtstrend

7.2 Morning Star

Beim nächsten, ebenso aussagekräftigen Signal handelt es sich um den Morning Star („Morgenstern“). Diese Formation umfasst drei Kerzen und deutet auf eine Aufwärtswende hin. Die zweite Sitzung bildet einen auf einen Aufwärtstrend hinweisenden umgekehrten Hammer (Bull Inverted Hammer), auf die eine weiße Kerze folgt. Das Grundmuster ist in Abbildung 7.6 dargestellt.

Die Farbe des mittleren Candlestick spielt keine Rolle. Die Formation zeichnet sich vielmehr durch eine schwarze Kerze, eine kürzere mittlere sowie zum Abschluss eine weiße Kerze aus. Wie alle Candlestick-Muster dient der Morning Star als Gradmesser, ob der Markt eher von Vernunft oder Emotionen bestimmt wird, sodass sich trotz verwirrender Signale leichter sachgerechte Timing-Entscheidungen treffen lassen. John Maynard Keynes bemerkte einmal: „Nichts ist so verheerend wie rationales Anlageverhalten in einer irrationalen Welt.“

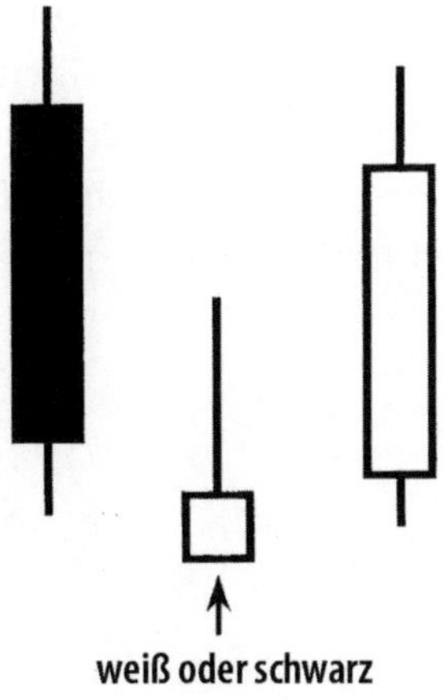

Abbildung 7.6: Morning Star – Trendwende am Tief

Ein **Morning Star** ist ein Candlestick-Muster aus drei Kerzen. Nach einem schwarzen Candlestick folgt ein aufwärts weisender umgekehrter Hammer (Bull Inverted Hammer), an dritter Stelle eine weiße Sitzung. Die Formation erscheint in Abwärtsbewegungen und signalisiert eine Trendwende.

Der Morning Star kündigt Bewegung an. Zumeist signalisiert er das Ende und die Umkehr eines Abwärtstrends. Die erste Kerze muss einen langen schwarzen Körper besitzen. Der Körper der zweiten Sitzung liegt im Idealfall vollständig unter dem der ersten, aber dies ist nicht immer der Fall. In Abbildung 7.7, einem Chart des Finanzdatenanbieters Factset Research, treten mehrere interessante Muster hintereinander auf. Zuerst sehen Sie ganz unten einen Hammer, dann folgt ein deutlich erkennbarer Morning Star. Die dritte, mit einem Pfeil markierte Formation am Hoch des Kursanstiegs wird als Shooting Star bezeichnet. Der Körper der zweiten Sitzung ist extrem kurz und trägt einen ausgeprägten oberen Schatten. Dies zeigt, dass es nicht gelingt, den Preis in die Höhe zu treiben, und kündigt die folgende Abwärtsbewegung an.

Im Diagramm des NASDAQ-100-Index in Abbildung 7.8 ist genau am Tief des Abwärtstrends ein Morning Star erkennbar, nach dem der Kurs wieder V-förmig zulegt. Das Muster hat nicht die perfekte Form, da die kurze mittlere Sitzung nicht komplett unterhalb des Körpers der ersten Kerze liegt, doch sowohl das Signal selbst als auch die resultierende Bewegung waren klar.

Der Morning Star im Chart der damals noch selbstständigen Investmentbank Merrill Lynch in Abbildung 7.9 entspricht eher dem Grundmuster. Hier erscheint die Drei-Kerzen-Formation nach einem ausgeprägten, steilen Abwärtstrend. So tut sich zwischen dem Körper des ersten und zweiten Candlesticks eine deutliche Lücke auf, und die abschließende weiße Kerze erscheint mit noch größerem Abstand und langem Kerzenkörper.

Abbildung 7.7: Morning Star, Hammer und Shooting Star

Abbildung 7.8: Morning Star im Chart des NASDAQ 100

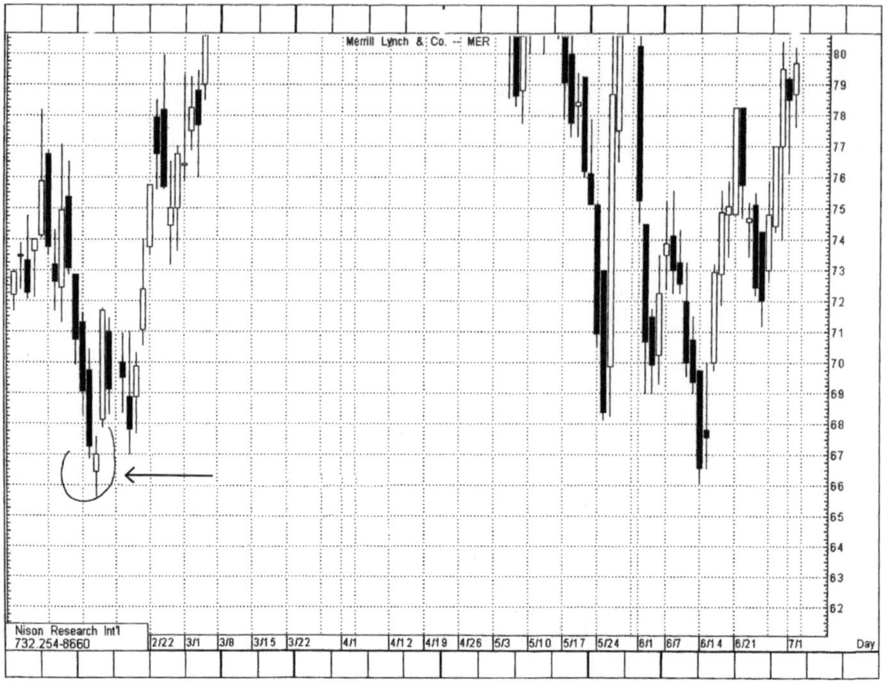

Abbildung 7.9: Morning Star und Risiko-Chance-Verhältnis bei Merrill Lynch

7.3 Morning Doji Star

Im Chart ist gut zu sehen, wie der Morning Star am Tief ein Unterstützungsniveau definiert, das sich auch bei einem späteren Test als stabil erweist. Eine Variante des Morning Star besitzt als mittlere Kerze einen Doji, und an solchen „Morning Doji Stars" bildet sich ebenso wahrscheinlich eine Unterstützung aus. Ein gutes Beispiel ist in Abbildung 7.10 zu sehen, einem Chart des Konsumgüterkonzerns Procter & Gamble.

Der **Morning Doji Star** ist eine Variante des Morning Star, bei der die zweite der drei Kerzen als Doji ausgebildet ist.

Auf Höhe des Doji liegt eine potenzielle Unterstützungslinie, die für den Zeitraum des Charts nicht verletzt wird. Allerdings kann das Kursverhalten täuschen, und Hinweise auf eine mögliche Unterstützung sind nicht immer verlässlich. In Abbildung 7.11, die den Kurs des im US-Versorger NSTAR aufgegangenen Gas- und Stromanbieters Commonwealth Energy Systems (www.cesvirginia.com) zeigt, liegt der Morning Star an einem Zwischentief, markiert aber nicht unbedingt eine neue Unterstützung. Obwohl eine ansehnliche Aufwärtsbewegung folgt, war nicht auszuschließen, dass der Kurs sehr viel weiter fällt.

Abbildung 7.10: Morning Doji Star bei Procter & Gamble

Abbildung 7.11: Morning Star bei Commonwealth Energy

7.4 Fehlsignale

Wenden wir uns nun dem Thema möglicher Fehlsignale zu. Ein Candlestick-Muster bedeutet nie eine hundertprozentige Garantie. So besagt eine alte japanische Redewendung: „Auch im stillen Wasser lauern Krokodile." Selbst nach einem Morning Star kann der Kurs fallen statt steigen – wegen eines unerwarteten Gewinnrückgangs, neuer Analysteneinschätzungen oder schlechter Nachrichten zu den Produkten oder Märkten eines Unternehmens. Einen solchen Fall sehen Sie im Chart des Computerherstellers Compaq in Abbildung 7.12.

Der Morning Star tritt nicht am Tief eines Abwärtstrends auf, sondern zu Ende einer Seitwärtsbewegung. Dies ist ein gewisser Hinweis darauf, dass Zweifel an dem Muster angebracht sind. Tatsächlich hätten Sie Verlust erlitten, wenn Sie aufgrund des Morning Star eine Kaufposition eröffnet hätten: Am nächsten Tag eröffnet der Markt mit einer Abwärtslücke von sieben Punkten unter dem vorangegangenen Schlusskurs – und im folgenden Handel tendiert der Kurs wieder seitwärts, ohne dass die Lücke nach oben geschlossen wird.

Abbildung 7.12: Fehlsignal bei Compaq

7.5 Evening Star

Das Gegenstück zum Morning Star ist der Evening Star („Abendstern"). Er kündigt einen Rückgang des Marktes an, die zweite Sitzung besitzt die Form eines umgekehrten Hammers, und die dritte Kerze leitet eine Abwärtsbewegung ein. Manchmal erscheinen Morning und Evening Star in einem Diagramm am Anfang bzw. Ende desselben Trends.

Ein **Evening Star** besteht aus drei Candlesticks: Die erste Kerze ist weiß, die zweite ein „bärischer" umgekehrter Hammer (Bear Inverted Hammer), die abschließende Sitzung schwarz. Das Muster signalisiert die Umkehr eines Aufwärtstrends.

Abbildung 7.13: Star-Formationen bei der Bank of New York

Abbildung 7.14: Evening Star

So erscheinen im Chart der Bank of New York in Abbildung 7.13 beide Star-Formationen. Zuerst bildet sich am Ende einer Aufwärtsbewegung der Evening Star und am Tief des folgenden Abwärtstrends dann der Morning Star.

Ein weiterer Evening Star ist in Abbildung 7.14 dargestellt. Er weist die wichtige Lücke zwischen erster und zweiter Sitzung auf und setzt so ein klares Signal für einen Kursrückgang.

Abbildung 7.15: Doppelformation aus Evening Stars im NASDAQ-Composite-Index

Besonders aussagekräftig ist der Evening Star, wenn er zweimal in Folge auftritt. Wie dieser sehr seltene Fall aussieht, zeigt der Chart des NASDAQ-Composite-Index in Abbildung 7.15.

Häufiger als bei nur einem Evening Star entsteht an der Doppelformation ein starker neuer Widerstand. Dies gilt generell für die Entstehung von Handelsspannen: Jedes zweifach auftretende Muster – und das gilt vor allem für Formationen aus drei Kerzen – etabliert potenziell klar definierte Widerstände oder Unterstützungen. Hohe Aussagekraft hat es auch, wenn der Evening

Star zusätzlich ein Island Top („Inselhoch“) ausbildet. Dabei tritt nicht nur zwischen der ersten und zweiten Kerze eine Lücke auf, sondern auch zwischen Candlestick zwei und drei, sodass die mittlere, höchste Sitzung isoliert steht.

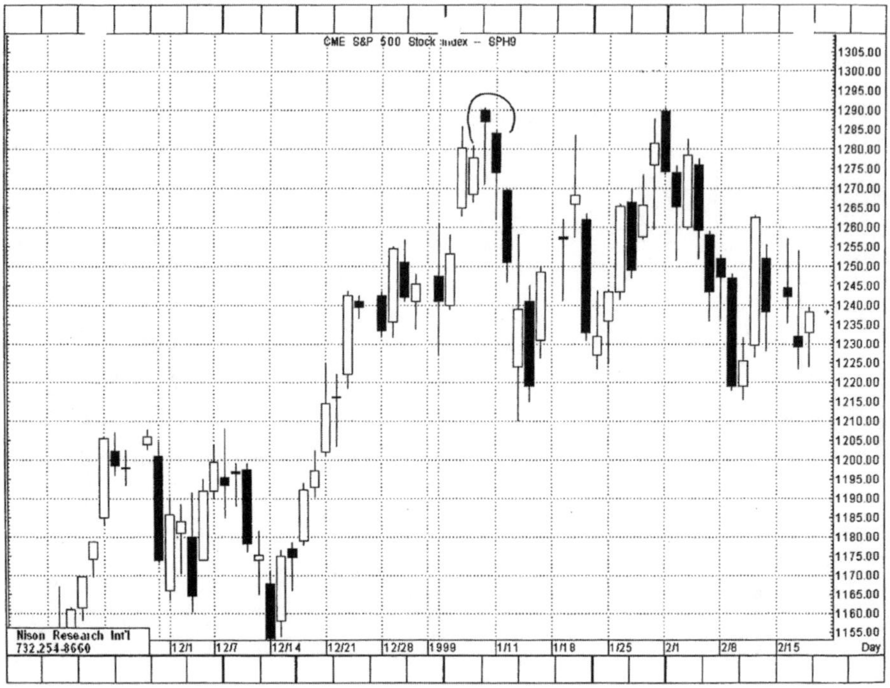

Abbildung 7.16: Evening Star und Island Top im Vergleich beim Terminkontrakt auf den S&P 500 an der Chicago Mercantile Exchange

Ein Beispiel ist in Abbildung 7.16 zu sehen, einem Chart des an der Terminbörse Chicago gehandelten Terminkontrakts auf den US-Leitindex S&P 500. Beachten Sie die markierte, mit deutlichem Abstand am Hoch hervorragende Kerze: Von ihr aus fällt der Kurs wieder ab, und hier entsteht ein neuer, im weiteren Verlauf stabiler Widerstand.

Morning und Evening Star lassen sich auch wirksam mit der gängigen westlichen Charttechnik kombinieren. In Abbildung 7.17, einem Diagramm des Dow-Jones-Index, zeichnen Candlestick-Umkehrsignale an den Hochs und Tiefs eine Schulter-Kopf-Schulter-Formation nach. Nachdem der Ausbruch des Marktes scheitert, bildet sich eine fallende Trendlinie. Die Zwischentrends des Schulter-Kopf-Schulter-Musters werden durch die Candlestick-Muster klar definiert, und das Muster lässt sich dazu heranziehen, ein Kursziel zu definieren.

Abbildung 7.17: Schulter-Kopf-Schulter-Formation beim Dow-Jones-Index

Candlestick-Muster und westliche Konzepte der technischen Analyse zu verbinden ist deswegen so wichtig, weil sie in Kombination genauere und aufschlussreichere Analysen erlauben. Genauso gilt es, die Fixierung auf das unmittelbar nächste Signal zu durchbrechen und den Blick aufs Ganze zu behalten. Entsprechend geht es in den nächsten Kapiteln um Fälle, in denen man die scheinbare Aussage eines Kerzenmusters ignorieren sollte. Eine meiner japanischen Lieblingswendungen lautet: „Ein Baum macht noch keinen Wald.“

7.6 Fragen zum Selbsttest

1. Beim Harami handelt es sich um ein Zwei-Kerzen-Muster, bei dem

    a. die Kursspanne der zweiten Sitzung die der vorangegangenen nach oben und unten überragt

    b. die Körper beider Kerzen gleich lang sind, die Schatten der zweiten Sitzung jedoch länger

    c. der Körper der zweiten Sitzung zwischen Eröffnungs- und Schlusskurs der vorherigen liegt

    d. sich ein Doji zu einer langen weißen Kerze verlängert.

2. Unter einem Morning Star versteht man

    a. ein Drei-Kerzen-Muster, das einen „bullischen" umgekehrten Hammer enthält, auf den eine weiße Kerze folgt

    b. ein Zwei-Kerzen-Muster und das Gegenteil des Hammers

    c. ein Muster, das stets einen fallenden Markt ankündigt

    d. ein Ein-Kerzen-Signal mit langem oberen und kurzem oder fehlendem unteren Schatten.

3. Ein Morning Doji Star

    a. ist dasselbe wie ein Morning Star, deutet jedoch auf fallende statt steigende Kurse hin

    b. ist dasselbe wie ein Morning Star, besitzt jedoch als mittlere Kerze einen Doji

    c. beginnt mit einem Doji, nach dem eine Aufwärtslücke und dann ein neuer Aufwärtstrend entstehen

d. tritt immer auf, wenn eine Widerstandslinie durchbrochen wird.

4. Ein Evening Star

   a. entspricht einem Morning Star, beginnt jedoch mit „bärischem“ statt „bullischem“ umgekehrtem Hammer

   b. markiert das Ende eines Kursrückgangs

   c. umfasst zwei von einer Aufwärtslücke getrennte Kerzen

   d. tritt kurz vor oder am Ende des Handelstages auf.

5. Bei Island Top handelt es sich um

   a. eine andere Bezeichnung für den Morning Star

   b. eine andere Bezeichnung für den Evening Star

   c. einen Evening Star, dessen mittlerer Candlestick durch eine Lücke getrennt über der ersten und dritten Kerze schwebt

   d. eine Formation, die bei einem gescheiterten Ausbruch über einem Widerstand erscheint.

Ihre Antworten können Sie auf Seite 224 überprüfen.

8. Der Fensterblick

Ich nenne meinen Ansatz der technischen Analyse Trading-Triade. Die Candlestick-Methode – die ich allgemein als östliche technische Analyse bezeichne – ist wertvoll, aber nur eines von drei Elementen. Die beiden anderen sind die westliche Charttechnik sowie Verfahren, die das eingesetzte Kapital schützen.

Dabei ist dies nicht nur ein Konzept, sondern meine grundlegende Arbeitsweise. Die Triade ist darauf angelegt, Balance und damit Erfolg meines Trading-Ansatzes zu gewährleisten (s. Abbildung 8.1).

Ich verwende hier etwas breitere Definitionen und nenne die aus Japan stammenden Methoden „Kerzencharts", da dieser Begriff die gesamte Disziplin abdeckt. Der zweite Bereich – die westlichen „Instrumente" – umfasst sämtliche gängigen, von Tradern und Charttechnikern eingesetzten Muster und Indikatoren. Das dritte Element, der Kapitalschutz, betrifft die Methoden, mit denen wir die dem Trading inhärenten Risiken mindern.

Um zu demonstrieren, wie wichtig die Candlesticks innerhalb der Triade als Ein- und Ausstiegssignale sind, verweise ich auf Abbildung 8.2, einen Chart für den IT-Konzern IBM. Das Diagramm ist einige Jahre alt, und die Aktie wurde damals zwischen zwanzig und dreißig Dollar gehandelt.

Ich habe auf dem Chart vier Stellen markiert. Die erste liegt nahe der Unterstützung bei etwa 20 1/2 Dollar. Dort entwickelt sich eine Kerze mit langem unteren Schatten, aber denken Sie daran, dass ein langer Schatten allein keinen Abwärtstrend umkehrt. Hier ist eine Bestätigung erforderlich. Diese erfolgt in Form des zweiten, noch tiefer reichenden unteren Schattens, der erneut darauf hindeutet, dass die Abwärtsbewegung endet. Beachten Sie die Lücke, die direkt nach der Kerze mit diesem Schatten entsteht.

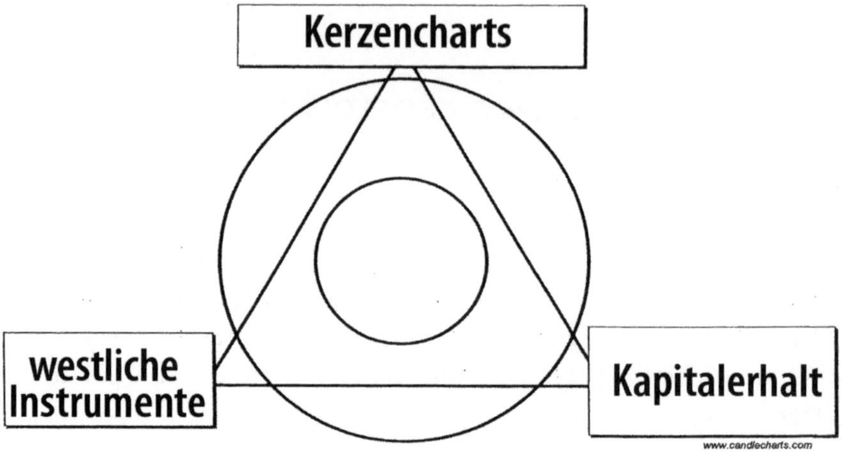

Abbildung 8.1: Die Trading-Triade

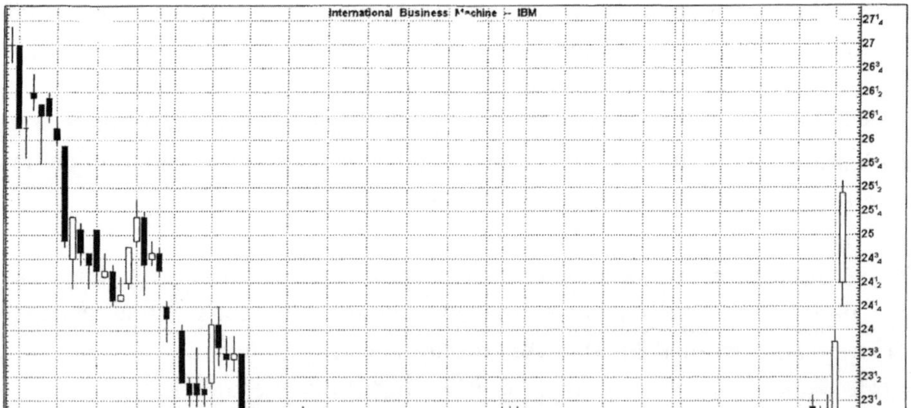

Abbildung 8.2: Kerzenmuster bei IBM

In der zweiten markierten Zone tritt nach einem deutlichen Kursrückgang eine lange weiße Kerze auf, die keinen oberen Schatten besitzt. Damit liegt ein perfekter Marubozu vor. Dieses japanische Wort bedeutet „beidseitiger Glatzkopf" und bezeichnet lange Candlesticks mit sehr kurzen oder gar keinen Schatten.

Vor allem nach der Abwärtsbewegung stellt der lange Candlestick ein wichtiges, starkes Signal für einen Kursanstieg dar. Genauso interessant ist Bereich 3. Hier bilden sich bei fallendem Markt Kerzen mit von Sitzung zu Sitzung kleinerem Körper aus, und am Ende erscheinen sogar Dojis. Dann wendet der Trend. Mit der langen weißen Kerze bei 4 liegt ein weiterer Marubozu vor – wie gesagt ein äußerst starkes Zeichen für die Trendrichtung. Wie die folgende Entwicklung zeigt, legte der IBM-Kurs weiter kräftig zu. Die vier hervorgehobenen Abschnitte machen deutlich, wie aussagekräftig Kerzenformationen sind. In den Beispielen kündigten sie jeden der vier Wendepunkte deutlich an und bestätigten zudem die Unterstützung. Gleichzeitig lässt sich in den Bereichen 1, 2 und 3 eine umgekehrte Schulter-Kopf-Schulter-Formation erkennen. Der Markt testet den Boden, prallt ab und legt daraufhin zu. Die Candlestick-Muster stellen hier deutliche Wendesignale dar und untermauern zugleich die westlichen Muster (Unterstützung sowie Schulter-Kopf-Schulter-Muster).

Diese Analyse soll aufzeigen, wie gut sich östliche und westliche Methoden ergänzen. Sie führen nicht nur zur jeweils selben Deutung des Chartbildes, sondern sie bestätigen einander auch. Treten starke Signale wie Tests von Unterstützungs- und Widerstandslinien, Kopf-Schulter-Muster und andere wichtige Formationen auf und deckt sich ihre Aussage mit der der Candlesticks, gewinnen Sie bei Ihrem Timing und der Prognose von Wendepunkten mehr Sicherheit.

8.1 Ein Fenster

Als eines der wichtigsten westlichen Signale gilt die Kurslücke. Je größer sie ausfällt, desto stärker die Aussagekraft. In der östlichen technischen Analyse wird dieses Muster – ein Abstand zwischen dem Schlusskurs der einen und dem Eröffnungskurs der nächsten Handelsperiode – als Fenster bezeichnet.

Besonders hohe Bedeutung besitzen Fenster, wenn nicht nur zwischen den Körpern eine Lücke entsteht, sondern auch zwischen den Schatten. Anders gesagt:

Die gesamten Kursspannen aufeinander folgender Sitzungen sind gegeneinander versetzt. Das Diagramm in Abbildung 8.3 umfasst sowohl Auf- als auch Abwärtslücken.

Ein **aufsteigendes Fenster** („Rising Window") entsteht, wenn die Kursspanne einer Sitzung inklusive Körper und Schatten höher liegt als die Spanne der vorangegangenen Sitzung.

Ein **fallendes Fenster** („Falling Window") entsteht, wenn die Kursspanne einer Sitzung inklusive Körper und Schatten niedriger liegt als die Spanne der vorangegangenen Sitzung.

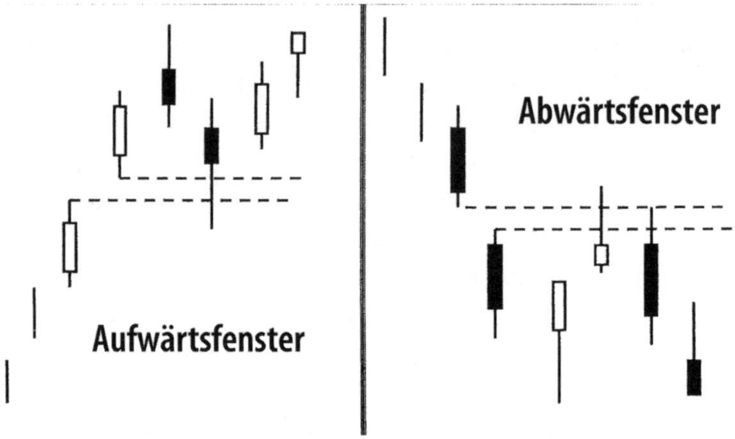

Abbildung 8.3: Fenster – Fortsetzungsmuster

8.1.1 Aufwärts- und Abwärtslücken

In den meisten Fällen deutet ein aufsteigendes Fenster auf einen steigenden Markt hin, ein fallendes Fenster auf einen fallenden Kurs. Die Japaner sagen: „Gehe in Richtung des Fensters." Andererseits kündigt ein Fenster häufig auch das Ende einer Kurskorrektur an. Fenster müssen unterschiedlich interpretiert werden – je nachdem, wo im Trend sie erscheinen, ob mehrere Fenster hintereinander auftreten und wie groß das Fenster ist.

In Abbildung 8.4 sehen Sie ein Aufwärtsfenster, auf das eine Seitwärtsbewegung folgt, bevor der Aufwärtstrend einsetzt.

Dabei entsteht am unteren Ende der weißen Kerze unmittelbar nach dem Fenster eine neue Unterstützungslinie. Sie wird im weiteren Verlauf getestet und von unteren Schatten angerissen, aber sämtliche Körper bleiben über diesem Niveau. Dies zeigt, dass es sich um ein gültiges Niveau handelt.

Abbildung 8.4: Aufsteigendes Fenster

In Abbildung 8.5 liegen sowohl fallende als auch aufsteigende Fenster vor. An dem bezeichneten fallenden Fenster entsteht – zumindest vorübergehend – ein starker Widerstand. Ebenso definiert das aufsteigende Fenster weiter rechts im Chart ein neues Unterstützungsniveau.

Dass an Fenstern häufig neue Kursbarrieren entstehen, belegt, dass die Formation nicht nur mögliche Wendepunkte anzeigt, sondern weitere wichtige Signale liefert. Sie erhöht auch die Sicherheit möglicher Trades, indem sie Barrieren für den Kurs etabliert.

Große Aussagekraft hat es, wenn sich vor einem Fenster eine enge Kursspanne formt. Eine solche Kontraktion, die erst zu einem Doji und dann zu einem Fenster führt, ist ein deutliches Indiz (s. Abbildung 8.6.).

Abbildung 8.5: Fallende und aufsteigende Fenster

Abbildung 8.6: Fallendes Fenster

Obwohl der Kurs nicht sofort nach dem Fenster fällt, behält das Signal Gültigkeit. Häufig liegt die verzögerte Reaktion daran, dass der Markt Zeit braucht, den durch das Fenster bedingten Kurssprung zu verarbeiten. Wendet der Kurs und schließt das Fenster? Oder bedeutet die Pause wie in diesem Fall nur, dass sich die Verkäufer erst vergewissern müssen, dass das Fenster tatsächlich die unterstellte Bedeutung hat?

Abbildung 8.7: Schatten vor einem Fenster

In Abbildung 8.7 entsteht am Schatten der vor dem Fenster liegenden Kerze ein Widerstand. Wegen der beträchtlichen Lücke liegt hier einer der Fälle vor, in denen die Verkäufer erst sichergehen wollen, dass der Markt wie durch das Fenster signalisiert wirklich weiter fallen wird. Entsprechend wird der Widerstand in der vierten und fünften Sitzung nach dem Fenster getestet. Die oberen Schatten beider Kerzen berühren die Widerstandslinie, und dann gibt der Kurs nach. Damit liegt ein weiteres, überzeugendes Indiz vor, dass tatsächlich ein Abwärtstrend bevorsteht.

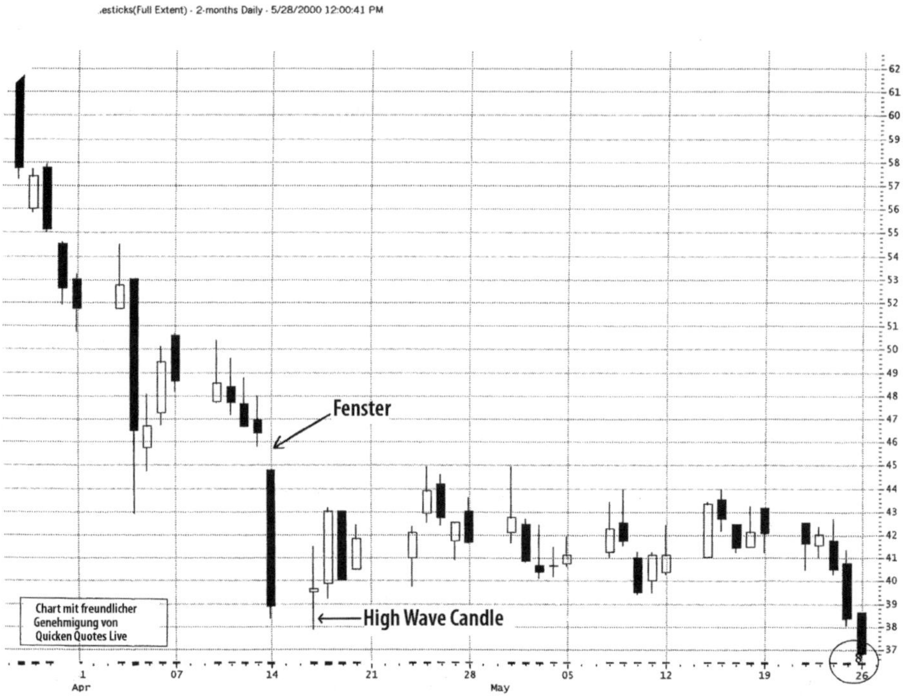

Abbildung 8.8: Fenster und High Wave Candle

Manchmal erscheint ein Fenster-Muster bedeutsamer, als es ist. So folgt möglicherweise auf eine ausgeprägte Abwärtslücke eine lange schwarze Kerze, ein besonders starkes Zeichen. Wie Abbildung 8.8. jedoch deutlich macht, können weitere Faktoren den Abwärtstrend aufhalten, sodass wie in diesem Fall statt eines Kursrückgangs eine Seitwärtsbewegung folgt.

Alle charttechnischen Instrumente liefern bisweilen Fehlsignale. Auch trifft man nicht immer genau den richtigen Zeitpunkt – selbst bei einem so starken Muster wie der Kombination aus fallendem Fenster und langer schwarzer Kerze. Bei dieser ungewöhnlichen Formation entsteht am oberen Ende der langen schwarzen Kerze nach dem Fenster ein neuer Widerstand, unter dem der Kurs eine Zeit lang seitwärts läuft. Der Abwärtstrend setzt erst viel später ein.

8.1.2 Fenstergröße

Ferner muss man wissen, dass es bei Fenstern auf die Größe ankommt. Eine besonders ausgeprägte Lücke im Kursverlauf hat eine höhere Signifikanz als eine kleinere (s. Abbildung 8.9). Interessanterweise definiert offenbar der obere Schatten der Kerze links des Fensters eine neue Unterstützungslinie.

Abbildung 8.9: Großes Fenster

Unabhängig von ihrer Größe bilden sich an Fenstern häufig neue Kursbarrieren (s. Abbildung 8.10). Das erste, kleine Fenster geht einer Aufwärtsbewegung voran und etabliert zudem eine Unterstützung. Hier haben wir den Fall, dass das Niveau auf halber Höhe der langen weißen Kerze liegt. Das zweite Fenster ist viel größer; dennoch definiert das Tief der Sitzung am linken Fensterrand einen Widerstand für den weiteren Kursverlauf.

Abbildung 8.10: Kleines und großes Fenster

Ein weiteres Beispiel, in dem sich ein Widerstand an einem fallenden Fenster orientiert, bietet Abbildung 8.11. Beachten Sie, wie die Spitze des unteren Schattens der Kerze vor dem Fenster zum Widerstand wird. Das Niveau wird nur einmal getestet, bevor der neue Abwärtstrend einsetzt.

Abbildung 8.11: Fenster markiert neuen Widerstand

8.1.3 Ausbruchslücken

Besondere Bedeutung gewinnen Fenster, wenn sie Widerstände oder Unterstützungen durchbrechen. Immer wenn der Kurs Barrieren verletzt, will das etwas heißen. So könnte ein neuer, starker Trend einsetzen, der sich an anderen Niveaus orientiert, oder es handelt sich um einen falschen Ausbruch, nach dem der Kurs wieder zurückfällt und das Fenster schließt. Es kommt oft vor, dass sich Fenster über Unterstützungen oder Widerstände hinwegsetzen; westliche technische Analysten sprechen hier von Ausbruchslücken.

Unter einer **Ausbruchslücke** versteht man eine Lücke, durch die der Markt einen Widerstand durchbricht oder unter eine Unterstützung fällt.

Abbildung 8.12: Ausbruchslücken bei Home Depot

Im Diagramm der Aktie der US-Baumarktkette Home Depot in Abbildung 8.12 durchbricht der Kurs zweimal einen Widerstand. In beiden Fällen tritt nur ein kleines Fenster auf, aber der weitere Handelsverlauf macht deutlich, dass durch den Ausbruch eine neue Unterstützungslinie (bei steigendem Kurs) und am Ende auch ein neuer Widerstand entsteht.

Bisweilen öffnet sich ein Fenster, darauf setzt scheinbar eine Kurskorrektur ein, und dann tritt ein stärkeres Fortsetzungssignal auf. Ein Beispiel für diesen Verlauf finden Sie in Abbildung 8.13.

Die lange schwarze Kerze, die sich so bald nach dem aufsteigenden Fenster bildet, stört das Bild zunächst. Der Doji in der nächsten Sitzung macht jedoch den Kampf zwischen Käufern und Verkäufern deutlich. Am Ende setzen sich die Käufer durch, was zum vorherigen Kursverlauf passt: Das Fenster zwischen den zwei langen weißen Candlesticks gibt einen augenfälligen Hinweis auf einen steigenden Trend.

Abbildung 8.13: Fenster, Rückzug, Fortsetzung

Eine weitere Art Fehlsignal tritt auf, wenn sich der Markt eines besonders starken Trends vergewissert (s. Abbildung 8.14).

Hier setzt mit dem Erscheinen eines ziemlich kleinen Fensters eine Abwärtsbewegung ein. Der Kurs gibt so rasch nach, dass die drei langen Kerzen rechts die Bewegung schließlich umkehren. Zwischen der ersten und zweiten weißen Sitzung reißt eine große Lücke auf, doch mit der dritten Kerze zeigt sich, dass der Gegentrend rasch an Kraft verliert. Verräterisch ist der lange obere Schatten des Doji, und gleich am nächsten Tag setzt wieder ein Abwärtstrend ein.

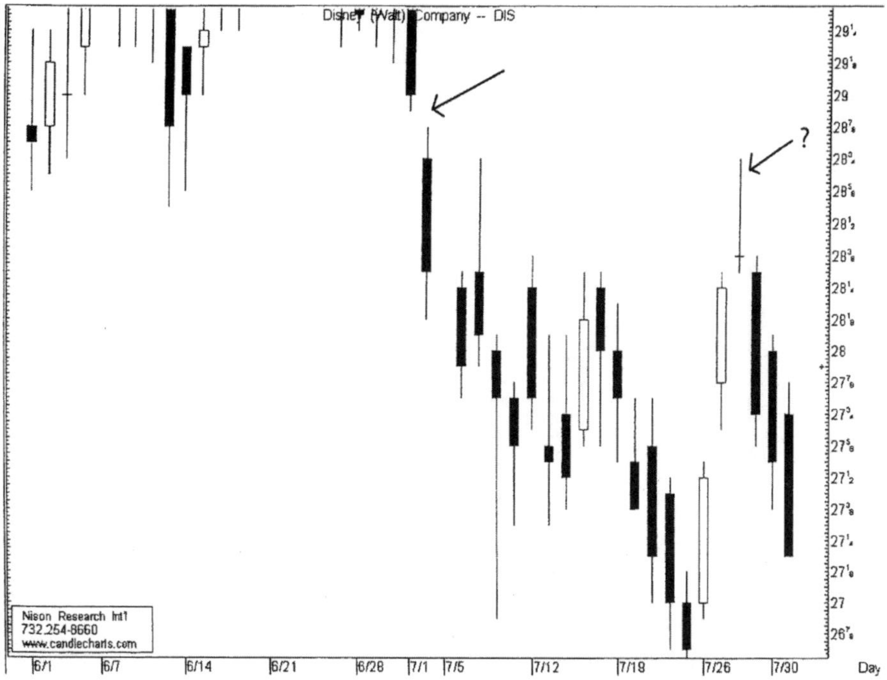

Abbildung 8.14: Fenster – Fehlsignale

8.1.4 Insel-Hochs

Wichtig sind Kurslücken auch bei der Entstehung von Insel-Hochs. Wenn es sich bei der Insel um eine einzelne Sitzung handelt, ist das Muster leicht zu entdecken: eine Lücke auf beiden Seiten, durch die die Einzelkerze herausragt. Das Hoch in Abbildung 8.15 dagegen besteht nicht aus einer, sondern aus drei Candlesticks.

Obwohl klein, sind die Lücken wichtig: Das Insel-Hoch zeigt, dass dem Markt die Kraft für einen weiteren Anstieg fehlt. Genau genommen markiert die erste Lücke – hier eine sogenannte Erschöpfungslücke – das Ende des Aufwärtstrends.

Das Insel-Hoch bestätigt die Schwäche, und dann folgt der unvermeidbare Kursrückgang. An der zweiten, das Hoch abschließenden Lücke entsteht zudem ein neuer Widerstand.

Abbildung 8.13: Insel-Hoch aus drei Kerzen

Eine **Erschöpfungslücke** erscheint kurz vor oder am Ende des aktuellen Trends und kündigt einen Richtungswechsel an.

Zu Fenstern (oder Lücken) sollte man sich auf jeden Fall merken, dass sie verschiedene Bedeutungen besitzen. Sie eignen sich hervorragend zur Bestätigung anderer Signale, sie definieren häufig neue Widerstands- und Unterstützungsniveaus, und sie zeigen bisweilen auch das Ende eines laufenden Trends an. Wie bei allen charttechnischen Instrumenten ist Vorsicht angebracht: Im Nachhinein ist die Aussage einer Lücke immer sonnenklar – aber zum gegebenen Zeitpunkt oft weniger leicht lesbar.

8.2 Fragen zum Selbsttest

1. Unter Trading-Triade versteht man

    a. die drei nach einem Umkehrsignal möglichen Entwicklungen: Trendwende, Trendfortsetzung und Seitwärtstrend

    b. die marktbeeinflussenden Kräfte Angebot und Nachfrage, Konjunkturnachrichten und Anlegerverhalten

    c. einen strategischen Tradingansatz, der östliche und westliche Analyseverfahren mit Kapitalschutz vereint

    d. den Einfluss von Candlestick-Formationen auf Preis, Volumen und Marktbewegung.

2. Als „Marubozu" bezeichnet man

    a. eine ausgeprägte Kerze ohne Schatten

    b. die wiederholte, aber nicht zum Durchbruch führende Annäherung des Kurses an einen Widerstand

    c. einen Doji, der nur einen unteren Schatten besitzt

    d. eine Seitwärtsbewegung des Marktes.

3. Der Ausdruck „Fenster" steht für

    a. die Chance, beim Traden das Hoch eines Aufwärtstrends oder das Tief eines Abwärtstrends zu nutzen; im Englischen heißt es auch „window of opportunity" (Gelegenheit)

    b. bestimmte Erkenntnisse über das Kursverhalten aus dem Studium von Candlestick-Mustern

    c. dasselbe wie „Kurslücke"

d. durch zwei oder mehr Doji getrennte lange Kerzen.

4. Eine Ausbruchslücke

   a. entsteht, wenn eine bedeutende Trendwende eintritt und der Kurs rasch in die Gegenrichtung läuft

   b. liegt vor, wenn eine Kurslücke einen Widerstand oder eine Unterstützung durchbricht

   c. stellt meist ein Fehlsignal dar, nach dem der Kurs umkehrt und die Lücke schließt

   d. ist das Gegenteil des Fenster-Musters.

5. Eine Erschöpfungslücke

   a. lässt eher eine Trendfortsetzung erwarten als eine Trendumkehr

   b. tritt nach einer langen Kerze auf und trägt zum Schließen einer Lücke bei

   c. hat nur dann Bedeutung, wenn sie in zwei oder mehr Sitzungen in Folge auftritt

   d. ereignet sich kurz vor oder am Ende des aktuellen Trends.

Ihre Antworten können Sie auf Seite 224 überprüfen.

9. Geheimnisse von Unterstützung und Widerstand

Die meisten Trader stützen sich nach wie vor bevorzugt auf westliche Methoden der technischen Analyse. Bei ihren Entscheidungen spielen Schulter-Kopf-Schulter-Muster, Doppel- und Dreifachhochs oder -tiefs und gleitende Durchschnitte die Hauptrolle. Selbst wenn sie doch Candlestick-Diagramme einsetzen, orientieren sie sich eher an großen Kursmustern als an täglichen Veränderungen oder Zeichen für starke oder schwache Trends.

9.1 Trendlinien

Aus meiner Sicht können Sie sowohl aus westlichen als auch aus östlichen Methoden Nutzen ziehen, ja sie ergänzen einander sogar. Betrachten wir zunächst Unterstützung und Widerstand aus einer neuen Sicht. Abbildung 9.1 zeigt typische Kursverläufe, bei denen Trendlinien verwendet werden, um Hochs oder Tiefs zu verbinden. Auch wenn Unterstützungen und Widerstände nicht waagerecht, sondern geneigt verlaufen, sind sie auf diese Weise dennoch der Analyse zugänglich.

Eine **Trendlinie** ist eine geneigte Gerade, die ein veränderliches Unterstützungs- oder Widerstandsniveau beschreibt. Zum Zeichnen der Linie werden meist drei oder mehr Kurshochs bzw. -tiefs verbunden.

Um eine Trendlinie zu konstruieren, benötigen Sie zunächst mindestens drei auf einer Gerade liegende Kurshochs oder -tiefs. Indem Sie diese Punkte verbinden, bestimmen Sie den kurzfristigen Trend und können abschätzen, wo Unterstützung oder Widerstand im weiteren Kursverlauf liegen werden. In Abbildung 9.2 sehen Sie, wie die Trendrichtung mit einer solchen Linie korrekt ermittelt wird.

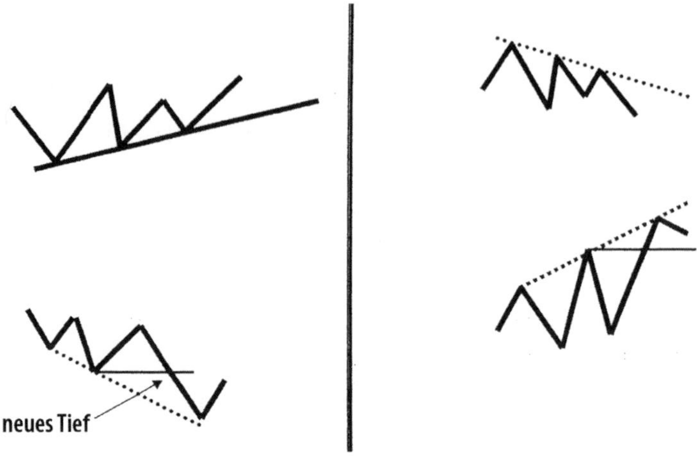

Abbildung 9.1: Unterstützungs- und Widerstandslinien

Die Trendlinie beschreibt das fallende Unterstützungsniveau; der Widerstand fällt gleichzeitig langsamer oder er wird getestet. Was bedeutet das? Das Piercing Pattern am Tief kündigt klar einen bevorstehenden Kursanstieg an, eine Umkehr des Abwärtstrends. Definitionsgemäß umfasst das Piercing Pattern zwei Kerzen mit genau beschriebenen Eigenschaften. In der aufwärts weisenden Variante erscheinen erst ein langer schwarzer und dann ein weißer Candlestick, wobei die weiße Kerze unter der schwarzen eröffnet und auf Höhe des schwarzen Körpers schließt. Bei der nach unten weisenden Piercing Line ist es genau umgekehrt. Hier ist die Farbfolge weiß-schwarz, und die schwarze Kerze eröffnet höher, um dann auf Höhe des weißen Körpers zurückzufallen.

Die Trendlinie lässt das sinkende Widerstandsniveau besser erkennen, und natürlich verliert diese Barriere früher oder später ihre Bedeutung. Markiert wird dieser Punkt durch das Piercing Pattern, und unmittelbar darauf setzt ein steiler Aufwärtstrend ein, in dem große Lücken aufreißen. Ebenso wie eine fallende Unterstützungslinie schafft auch ein ansteigendes Widerstandsniveau mehr Transparenz. Ein hervorragendes Beispiel ist in Abbildung 9.3 zu sehen.

Sobald sich der Kurs von der Trendlinie entfernt – hier durch eine schwarze Kerze unmittelbar nach einer steilen, fast ganz von weißen Candlesticks getragenen Aufwärtsbewegung –, zeigt dies das Trendende an. In dem Augenblick, in dem die schwarzen Kerzen erscheinen, ist es Zeit zu handeln. Obwohl Sie einige Punkte verlieren, sichern Sie sich dennoch den größten Teil des Gewinns aus dem Aufwärtstrend, wenn Sie am Wendepunkt rasch reagieren.

Abbildung 9.2:Trendlinien

Zudem können Sie darauf achten, ob an der Spitze des Trends ein deutliches Kerzensignal auftritt. In Abbildung 9.4 beispielsweise schließt eine steile Aufwärtsbewegung mit einem Bearish Engulfing Pattern ab.

Der Markt steigt etwa genauso kräftig wie im vorherigen Beispiel, aber anders als zuvor erscheint hier ein klares Umkehrsignal: Durch das Bearish Engulfing Pattern ist das Hoch auffällig markiert. Gerade bei einem so steilen Trend wie hier müssen Sie nach solchen Mustern Ausschau halten, um rechtzeitig Kaufpositionen zu schließen (oder Verkaufspositionen zu eröffnen).

Abbildung 9.3: Steigende Widerstandslinie

Abbildung 9.4: Bearish Engulfing Pattern

9.1.1 Chartanalyse in verschiedenen Zeitfenstern

Als Nächstes folgt ein Beispiel, wie sich Informationen aus verschiedenen Zeitfenstern desselben Charts ergänzen. Abbildung 9.5 stellt einen Tages- und Wochenchart des ehemaligen US-Elektrotechnikkonzerns Westinghouse gegenüber, wobei im kurzfristigen Diagramm ein abwärtsgerichtetes Engulfing Pattern erscheint und sich in der langfristigen Darstellung offenbar eine ansteigende Widerstandslinie dem Ende nähert.

Durch den Einsatz verschiedener Zeithorizonte ergeben sich häufig wertvolle Erkenntnisse. Wie erwähnt, gelten für alle Zeitrahmen dieselben Regeln, aber ein Rahmen kann mehr Details bieten als ein anderer. Im Wochendiagramm testet der Kurs etwa bei 36 1/2 Dollar die Widerstandslinie, und ich würde eine gewisse Abflachung des Trends erwarten. Wenn man nun für die weitere Analyse in den Tageschart wechselt, entdeckt man dort das Engulfing Pattern. Dies bestätigt den Verdacht, dass die steigende Trendlinie bald endet.

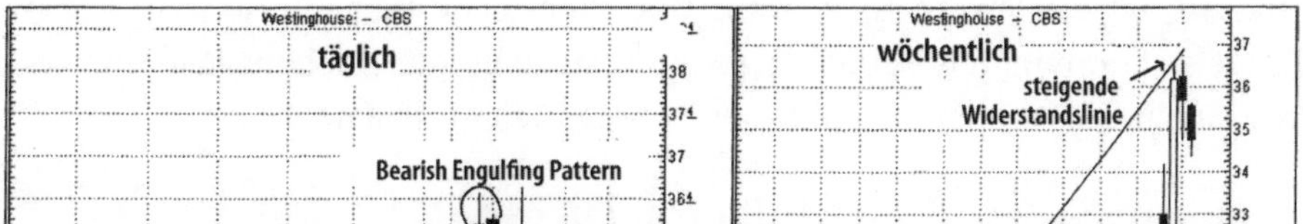

Abbildung 9.5: Engulfing Pattern im Tageschart und steigende Widerstandslinie im Wochenchart

9.2 Polaritätswechsel

Diese Art der Analyse von Unterstützung und Widerstand schafft einen viel tieferen Einblick als der einfachere Ansatz, Trendlinien einzuzeichnen und dann auf den Ausbruch zu warten. Ist die Kursbewegung da, ist es zum Handeln meist zu spät, der richtige Zeitpunkt vorüber. Für meine Analysen habe ich unter anderem ein Verfahren entwickelt, das sich auf den sogenannten Polaritätswechsel stützt. Ich mache mir zunutze, dass eine Unterstützungslinie nach einem Durchbruch häufig zum Widerstand wird und umgekehrt. Dieser Zusammenhang wird durch Abbildung 9.6 illustriert.

Es wird deutlich, wie Unterstützung und Widerstand nach dem Durchbruch des Kurses die Rolle – oder Polarität – wechseln. Abbildung 9.7 demonstriert den Mechanismus an einem realen Chart. Beachten Sie die von mir durch das gesamte Diagramm gezogene Gerade.

Das Beispiel zeigt gut, wie ein klar etabliertes Widerstandsniveau zur Unterstützung wird. Denken Sie daran: Bei aller Sicherheit, die eine bestehende Handelsspanne bietet – eines Tages wird sie sich verschieben! Wie und wann dies eintritt, lässt sich durch dieses Schema leicht absehen.

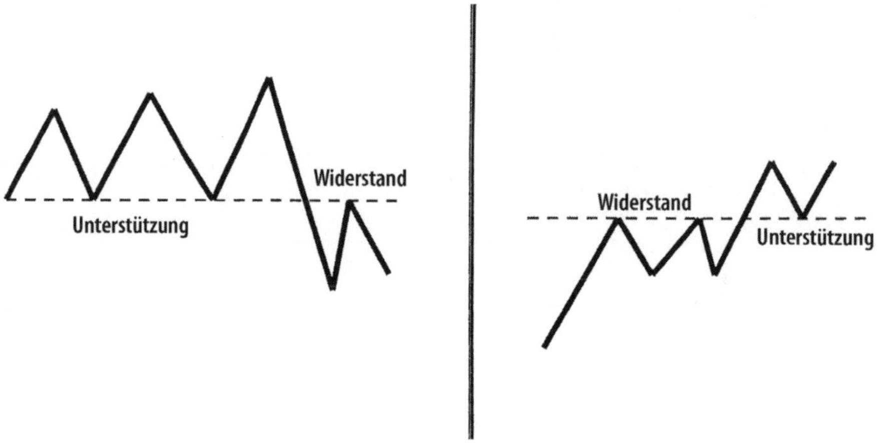

Abbildung 9.6: Polaritätswechsel

Ohne die waagerechte Linie ist es etwas schwieriger, die neue Unterstützung auszumachen, aber wenn man die neue Unterstützung auf Höhe des alten Widerstands ansetzt, ergibt sich ein klares Bild.

In Abbildung 9.8 besteht über einen Monat lang ein deutlich erkennbares Widerstandsniveau, aber sofort, nachdem der Kurs die Barriere überwindet, wandelt sie sich zu einer neuen Unterstützung.

Abbildung 9.7: Polaritätswechsel

In Abbildung 9.9 erzwingt der Polaritätswechsel eine interessante Ausnahme. Bei dem markierten Zwei-Kerzen-Muster handelt es sich um ein aufwärts zeigendes Engulfing Pattern, aber der Kurs läuft seitwärts und fällt dann. Wie passt das zusammen? Tatsächlich signalisiert die Formation in dieser Form normalerweise einen Kursanstieg, aber hier fällt sie mit dem Polaritätswechsel zusammen. Wer an diesem Punkt einsteigt, kauft genau am neuen Widerstand – und dies führt dazu, dass der – westliche – Widerstand das – östliche – Engulfing Pattern außer Kraft setzt. Im weiteren Handelsverlauf erweist sich der Widerstand als stabil und die tägliche Handelsspanne verengt sich, bis ein Abwärtstrend einsetzt. Das Engulfing Pattern stellt hier also ein Fehlsignal dar, was durch den Polaritätswechsel leichter abzusehen war. Ohne die Linie im Chart wäre dies möglicherweise gar nicht zu erkennen.

Abbildung 9.8: Polaritätswechsel

Abbildung 9.9: Polaritätswechsel und charttechnisches Gesamtbild

Abbildung 9.10 zeigt einen noch komplexeren und schwerer zu lesenden Kursverlauf, bei dem ein Polaritätswechsel erfolgt. Aus Unterstützung entsteht Widerstand, der durch das Erscheinen der Dark Cloud Cover bestätigt wird. Das Muster entsteht genau an der bisherigen Unterstützung (dem neuen Widerstand) und markiert die einsetzende Abwärtsbewegung, Muster und Polaritätswechsel bestätigen einander. Ohne die Signalkombination wäre die neue Trendrichtung ziemlich schwierig auszumachen, zumal die weiße Kerze unmittelbar vor der Dark Cloud Cover verwirrend wirkt und einen Trader in die falsche Richtung locken könnte.

Abbildung 9.10: Polaritätswechsel: Kerzen zur Bestätigung von Widerstand und Unterstützung

Ein Polaritätswechsel wird oft deutlicher sichtbar, wenn man Diagramme in mehreren Zeitfenstern vergleicht. In Abbildung 9.11 ist der Polaritätswechsel von einer Unterstützung zum Widerstand in einem Tageschart dargestellt. Dabei ist der Wechsel bei dieser Einstellung für die Periodendauer ziemlich schwer zu entdecken.

Abbildung 9.11: Polaritätswechsel im Tageschart

Abbildung 9.12: Polaritätswechsel im 15-Minuten-Chart

Betrachtet man denselben Kursverlauf im 15-Minuten-Chart in Abbildung 9.12, ergibt sich ein ganz anderes Bild. Hier lässt sich das Widerstandsniveau ganz deutlich erkennen, markiert durch drei aufeinanderfolgende Candlesticks. Die ersten zwei Kerzen schließen auf diesem Niveau, die dritte eröffnet dort. Während das erste Diagramm den Wechsel der Polarität zeigt, werden hier das Hoch und die Trendwende sichtbar.

Abbildung 9.13 zeigt einen Fall, in dem ein Widerstand mehrere Wochen stabil bleibt. Dann wird er durchbrochen und zur neuen Unterstützung. Allerdings handelt es sich um einen falschen Ausbruch, und der Kurs fällt wieder in die vorherige Handelsspanne.

Abbildung 9.13: Polaritätswechsel – anfänglicher Widerstand

In einigen Fällen spiegelt das Chartbild auch das fundamentale Umfeld. Das Diagramm für den Automobilkonzern General Motors in Abbildung 9.14 zeigt, wie die Unterstützung vor dem immer tiefer rutschenden Kurs zurückweicht. Schließlich erscheint eine steil absinkende Trendlinie, und der Markt erholt sich nur noch einmal kurz, bevor er in den freien Fall übergeht.

Der Polaritätswechsel eröffnet einen ganz neuen Blick auf Unterstützung und Widerstand. Er verdeutlicht, wie und dass eine bestehende Barriere die Funktion tauschen kann, und beweist so, dass sich Handelsspannen alles andere als unabhängig von zurückliegenden Mustern entwickeln. Wer weiß, wie sich Unterstützung und Widerstand mit diesem Konzept analysieren lassen, erkennt zudem, dass Candlestick-Formationen auch in diesem Zusammenhang Verschiebungen in den Marktbarrieren sehr viel transparenter machen.

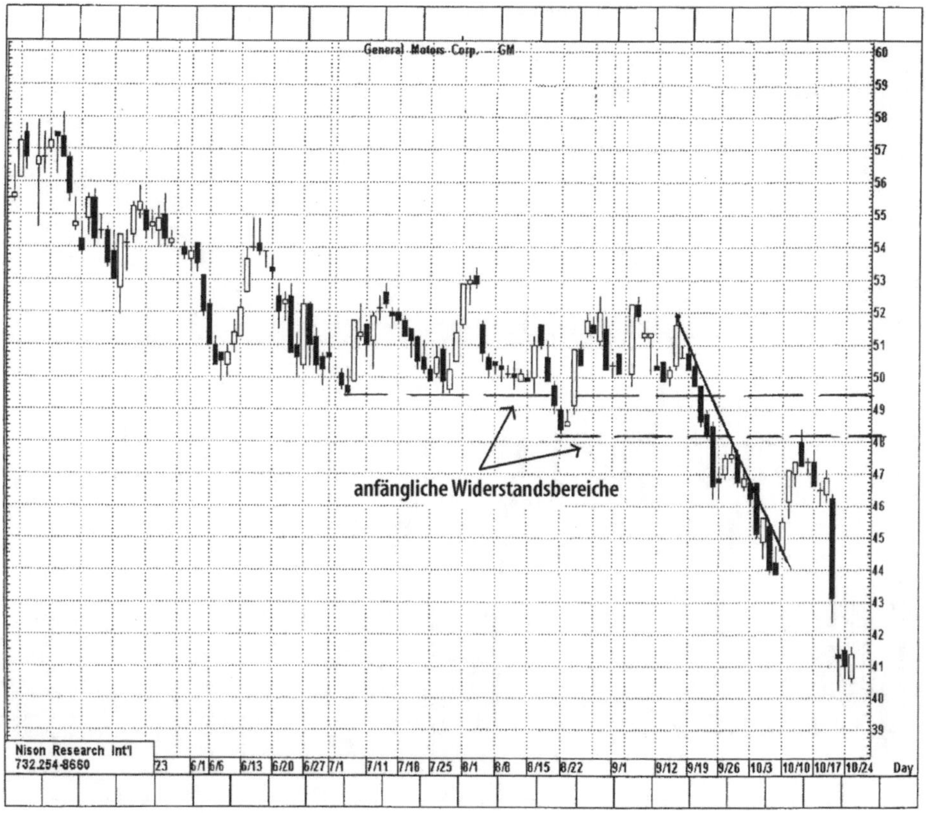

Abbildung 9.14: Technische Signale bestätigen Fundamentaldaten für General Motors

9.3 Fragen zum Selbsttest

1. Eine Trendlinie

   a. zeigt die relative Stärke des aktuellen Trends, basierend auf der steigenden oder abnehmenden Breite der Kerzenkörper

   b. entspricht einer komplett schwarzen oder weißen Kerzenfolge und endet, wenn die Farbe wechselt.

   c. bildet ein geneigtes Unterstützungs- oder Widerstandsniveau ab

   d. stellt eine gleich bleibende oder enger werdende Handelsspanne in einem Seitwärtsmarkt dar.

2. Das Piercing Pattern

   a. signalisiert das Ende des Trends

   b. ist ein Fortsetzungsmuster

   c. erscheint, wenn die Trendlinie von einem Widerstand oder einer Unterstützung zurückprallt

   d. wird auch als Engulfing Pattern bezeichnet.

3. Ein Polaritätswechsel

   a. liegt vor, wenn eine gleichfarbige Reihe von Candlesticks die Farbe wechselt

   b. bestätigt den Trend und ist an falschen Umkehrsignalen erkennbar

   c. führt dazu, dass ein Unterstützungs- zum Widerstandsniveau wird oder umgekehrt

   d. erfolgt, wenn sich zwei gleitende Durchschnitte kreuzen.

4. Ein Polaritätswechsel erleichtert das Erkennen von

   a. potenziellen Fehlsignalen, die zum Beispiel vor einem neu gebildeten Widerstand auf einen Kursanstieg hindeuten

   b. Übergängen zwischen Handelsspannen

   c. Umkehrpunkten, wodurch auch Candlestick-Muster besser einzuordnen sind oder bestätigt werden.

   d. Alle Antworten sind richtig.

5. Die Analyse desselben Kursmusters in verschiedenen Zeitfenstern

   a. lässt häufig den aktuellen Trend oder Umkehrsignale besser erkennen

   b. erzeugt bisweilen Widersprüche zu sonst korrekten Signalen

   c. erschwert es, den wahrscheinlichen Zeitpunkt einer Marktumkehr zu erkennen.

   d. Alle Antworten sind richtig.

Ihre Antworten können Sie auf Seite 224 überprüfen.

10. Mehr über Unterstützung und Widerstand

Die Arbeit mit Unterstützung und Widerstand beschränkt sich nicht darauf, die Ränder der Handelsspanne zu beobachten. Wer für die Analyse zusätzlich Candlesticks verwendet, wird häufig schon im Voraus Anzeichen für bevorstehende Ausbrüche entdecken. Sogenannte Springs und Upthrusts lassen beispielsweise erkennen, ob der vorliegende Trend stark oder schwach ausgeprägt ist. Die Begriffe wurden in den 1920er- und 1930er-Jahren vom US-amerikanischen Chartanalysten Richard Wyckoff geprägt und bedeuten „(Rück-)Sprung" und „Aufwärtsstoß". Die Grundform der beiden Muster ist in Abbildung 10.1 zu sehen.

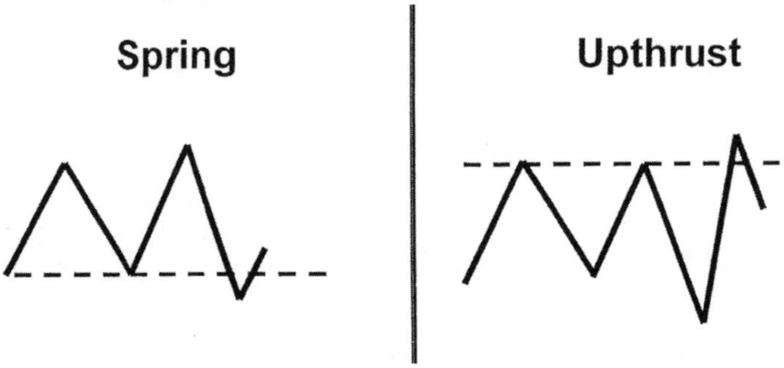

Abbildung 10.1: Spring und Upthrust

Ein **Spring** („Rücksprung") besteht in einer Kursbewegung und -gegenbewegung, durch die für kurze Zeit eine Unterstützungslinie durchbrochen wird.

Durch die Bewegung eines Spring wird eine Unterstützung getestet. Dabei kann der Markt das niedrigere Niveau nicht halten. „Rücksprung" bietet sich deshalb als Bezeichnung an, da der Kursverlauf an eine zurückspringende Feder erinnert.

Abbildung 10.2 zeigt ein typisches Beispiel eines durch einen Hammer gebildeten Spring-Musters. Auf den Hammer am Tief folgt hier eine große Aufwärtslücke, die deutlich macht, dass der Vorstoß nach unten gescheitert ist. Zudem entsteht beim oder am unteren Ende des Hammer-Körpers Unterstützung, und der Kurs entfernt sich rasch von diesem Niveau.

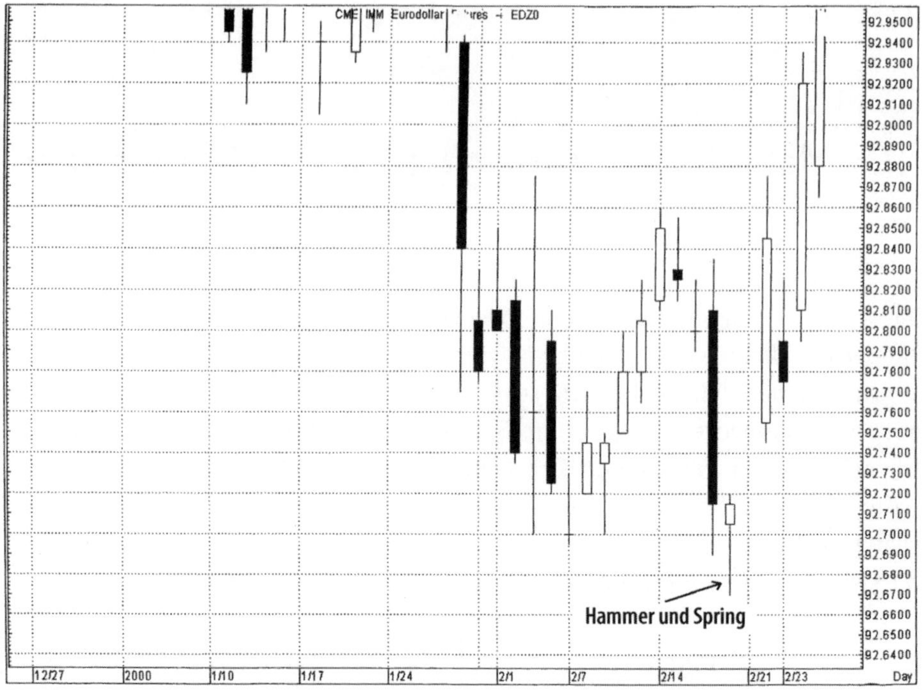

Abbildung 10.2: Hammer und Spring

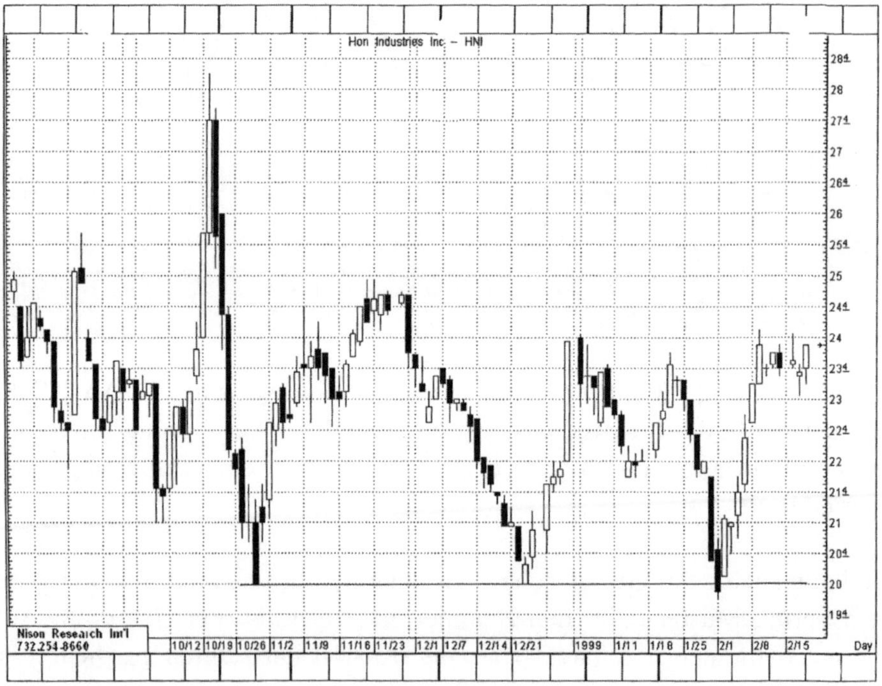

Abbildung 10.3: Spring

Es handelt sich um eine recht gängige Spring-Formation, aber das Muster spielt noch in einem anderen Zusammenhang eine Rolle: Es etabliert häufig neue Unterstützungsniveaus. Illustriert wird dies durch Abbildung 10.3. Dort erscheint zunächst ein Spring, und im weiteren Verlauf bestätigen zwei Tests, dass am Tief des Musters eine Unterstützung entstanden ist.

Das Gegenteil des Spring ist der Upthrust. Hier versucht der Markt einen Ausbruch über einen Widerstand, fällt jedoch in die bestehende Handelsspanne zurück.

Abbildung 10.4: Bearish Engulfing Pattern und Upthrust

Ein **Upthrust** („Aufwärtsstoß“) besteht in einer Marktbewegung und -gegenbewegung, durch die der Kurs für kurze Zeit über einen Widerstand steigt.

In Abbildung 10.4 entsteht an einem deutlich erkennbaren Bearish Engulfing Pattern ein Widerstand. Zwei Handelsperioden später wird das Niveau durch den oberen Schatten eines Doji auf die Probe gestellt, und knapp zwei

Wochen darauf erfolgt ein neuerlicher Test des Widerstands durch einen Upthrust. Obwohl nur der obere Schatten dieser einzelnen Sitzung die Barriere durchstößt, ist das Signal gültig. Beachten Sie, wie sich der Kurs sofort in die bestehende Handelsspanne zurückzieht.

Abbildung 10.5: Primärer und sekundärer Widerstand

Sie werden einen solchen Kursverlauf voraussichtlich immer wieder sehen. Auch wenn der Upthrust den Widerstand nur durch den oberen Schatten verletzt, beweist das Muster, dass es den Käufern nicht gelingt, den Kurs höher zu treiben. Dies ist auch in Abbildung 10.5 der Fall: In dem Chart besteht ein primärer und ein sekundärer Widerstand, und Letzterer hält dem Markt am Ende stand, wenn man nach dem oberen Schatten der kurzen weißen Kerze sowie dem Upthrust am folgenden Tag geht.

Der Chart der Abbildung 10.6 zeigt ein gutes Beispiel dafür, dass östliche und westliche Muster gemeinsam auftreten. Hier geschieht in kurzer Zeit sehr viel: ein neues Schlusskurs-Hoch begleitet von einem vor einer bevorstehenden Trendwende warnenden Signal, ein abwärtsgerichtetes, einen klar sichtbaren Upthrust umfassendes Engulfing-Muster sowie vor dem rechten Rand des Diagramms ein weiteres Warnzeichen.

Abbildung 10.6: Östliche und westliche Signale

10.1 Gleitender Durchschnitt

Durch ihre grundlegenden Eigenschaften eignen sich Unterstützung und Widerstand auch zur Kombination mit einem weiteren, ebenso wichtigen Indikator: dem gleitenden Durchschnitt (moving average, MA). Im Moment kommt es nicht darauf an, wie solche Durchschnitte berechnet werden, denn wenn Sie Onlinecharts einsetzen, funktioniert dies automatisch. Ich konzentriere mich vielmehr darauf, wie gleitende Durchschnitte zusammen mit Candlesticks eingesetzt werden, um die Analyse des Kursverlaufs zusätzlich zu untermauern.

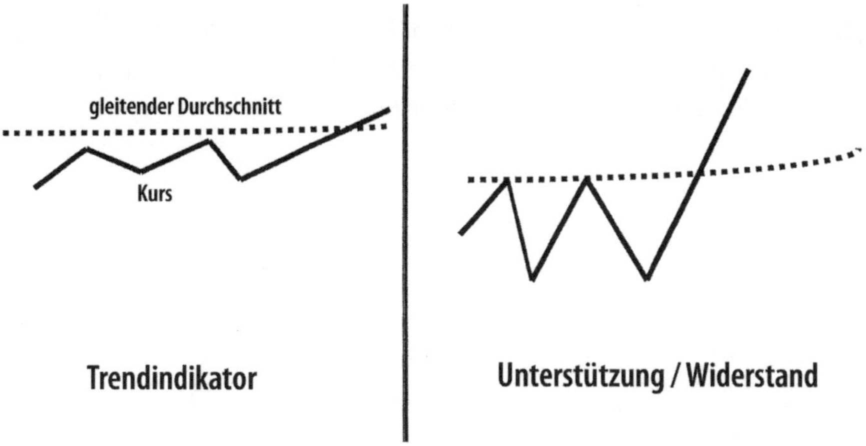

Abbildung 10.7: Gleitende Durchschnitte

Interessant ist bei gleitenden Durchschnitten zum einen ihre Funktion als Trendindikator, zum anderen die Beziehung zwischen Durchschnitt und bestehenden Unterstützungs- und Widerstandslinien (s. Abbildung 10.7).

Ein **gleitender Durchschnitt** (moving average, MA) mittelt den Kurs über eine gegebene Zahl von Perioden. Er dient dazu, die Kursentwicklung zu analysieren und den weiteren Verlauf zu antizipieren.

Ein Signal als Trendindikator liefern gleitende Durchschnitte, wenn sie den Kurs kreuzen – das heißt, wenn sie bisher unterhalb verliefen, gleiten sie nach oben, und bei einem Verlauf oberhalb nach unten. Das Kreuzen wird als starker Hinweis darauf betrachtet, dass sich die Dynamik der Kursbewegung verändert und eine Wende bevorsteht.

Abbildung 10.8 zeigt ein Beispiel: Der Kurs bewegt sich relativ durchgängig oberhalb des Durchschnitts, bis er plötzlich nach unten stößt. Dies geschieht, bevor der Abwärtstrend endgültig etabliert ist, sodass Sie das Kreuzen als Signal zum Ein- oder Ausstieg nutzen können. Wer den Hinweis in der Sitzung am 13. März aufnahm, reagierte nahe dem Hoch und noch zu Anfang des Kursrückgangs.

Die Durchschnitte werden häufig auf 30-Tages-, 150-Tages- und 200-Tages-Basis berechnet. Persönlich ziehe ich den kürzeren Fünftages-Durchschnitt vor, dessen Signal mir bei Aktien wie bei Terminkontrakten immer gute Dienste geleistet hat. Gleitende Mittelwerte können aber auch die Rolle von Unterstützung oder Widerstand übernehmen (s. Abbildung 10.9). Es ist bemerkenswert, wie genau der Durchschnitt der steigenden Unterstützungslinie folgt. Und noch mehr: Rechts im Chart sieht es zunächst nach einer Abwärtsbewegung aus; nach dem Hammer ist es aber eher wahrscheinlich, dass der Kurs weiter zulegt – und die fortlaufende Unterstützung in Form des gleitenden Durchschnitts bestätigt dies.

Abbildung 10.8: Gleitende Durchschnitte

In Fällen, in denen der gleitende Durchschnitt dem Kurs eng folgt, kommen Überkreuzungen häufig vor. Es gilt dann, auf Candlesticks zu achten, die tatsächlich für eine Trendumkehr sprechen, weil der Durchschnitt für sich allein kein eindeutiges Signal liefert. In Abbildung 10.10 verläuft der Kurs zunächst unterhalb des gleitenden Durchschnitts. Die Wende kündigt sich durch zwei Entwicklungen an: Zunächst treten mehrere lange untere Schatten auf, die zeigen, dass die Verkäufer den Preis nicht mehr tiefer drücken können, und dann klettert der Kurs über den Mittelwert.

Abbildung 10.9: Gleitende Durchschnitte und Hammer

Abbildung 10.10: Gleitender Durchschnitt

Gleitende Durchschnitte mögen als Unterstützung oder Widerstand fungieren, aber ausschlaggebend ist immer das Candlestick-Umkehrmuster. Auch auf das Kreuzen eines Durchschnitts allein ist nicht immer Verlass. So verläuft im Chart in Abbildung 10.11 eine gut erkennbare Unterstützung. Doch nach einer Weile wird sie nach unten durchbrochen, eine Abwärtslücke reißt auf und ein deutlicher Kursrückgang setzt ein. Das Kreuzen war hier insofern abzusehen, als der Kurs nachgegeben und sich dem Durchschnitt angenähert hatte.

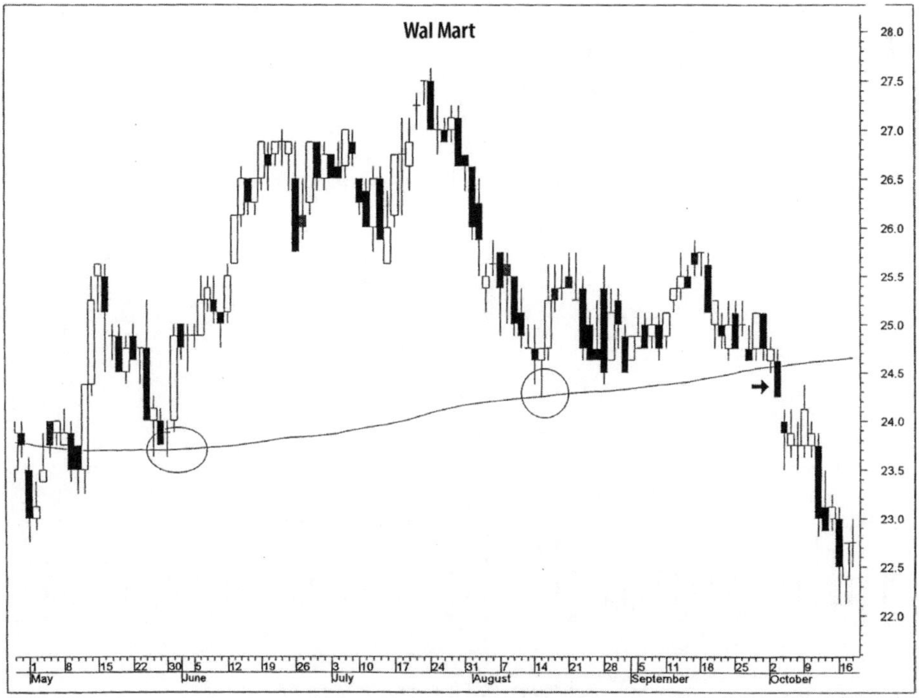

Abbildung 10.11: Gleitender Durchschnitt als Unterstützung

10.2 Volumenspitzen

Gleitende Durchschnitte vermitteln wertvolle Einblicke. Mehr Aussagekraft gewinnt die Analyse von Unterstützungen und Widerständen aber auch, wenn das Handelsvolumen einbezogen wird. Liegt es überdurchschnittlich hoch, steht häufig eine starke Kursbewegung bevor, vor allem wenn eine Volumenspitze in einer Periode mit enger Handelsspanne auftritt.

Oft präsentieren sich Volumenspitzen wie in Abbildung 10.12. Beachten Sie den langen unteren Schatten am Tief des Marktes. Für sich allein stellt er kein Umkehrsignal dar, aber der ungewöhnlich hohe Umsatz ist aufschlussreich. Er zeigt nicht nur, dass die Verkäufer den Kurs nicht tiefer drücken können, sondern auch, dass sich der Abwärtstrend erschöpft hat.

Abbildung 10.12: Volumenspitze

Im weiteren Verlauf explodiert der Kurs nicht gerade. Vielmehr verläuft der Anstieg relativ verhalten und der Markt tendiert mehr seit- als aufwärts. Mehr Druck im Markt signalisiert dagegen die Volumenspitze in Verbindung mit einer engen Handelsspanne in Abbildung 10.13. Kürzer als ein Doji, der am entscheidenden, umsatzstarken Tag erscheint, kann ein Kerzenkörper nicht sein, und tatsächlich legt der Kurs unmittelbar darauf steil zu.

Ein Volumensignal erschließt sich oft erst bei genauer Betrachtung. Abbildung 10.14 zeigt einen umsatzstarken Tag und kurz darauf eine lange weiße Kerze. Nachdem sich der Markt noch etwas höher gearbeitet hat, rutscht er wieder deutlich ab. Bemerkenswert ist der äußerst lange untere Schatten am Charttief vor dem erneuten Anstieg des Kurses. Im vorliegenden Beispiel definiert ein langer weißer Candlestick ein Widerstandsniveau, das später auch vom oberen Schatten des Doji respektiert wird. Zusätzliche Bestätigung erfährt die Barriere durch das hohe Volumen der Periode, und wie zu erwarten, geht es darauf für den Kurs erneut abwärts.

Abbildung 10.13: Volumenspitze bei kurzem Kerzenkörper (narrow range day, NRD)

Abbildung 10.15 zeigt den Test einer Unterstützung. Dabei legt das Volumen zu, ohne jedoch wirklich einen Spitzenwert zu erreichen. Später muss das Niveau seine Stabilität erneut beweisen; obwohl es kurzzeitig durchbrochen wird, gelingt dies.

Das Volumen ist ein heikler Indikator. Es liefert für sich allein kein zuverlässiges Signal, und manchmal besitzt ein sehr niedriger Umsatz genauso große Bedeutung wie besonders hoher. Ein Beispiel hierfür zeigt Abbildung 10.16. Hier entsteht eine Widerstandslinie, jedoch erst zwei Perioden nach einer bescheidenen Volumenspitze. Anschließend rückt die Barriere allmählich tiefer.

Abbildung 10.14: Doji mit hohem Volumen

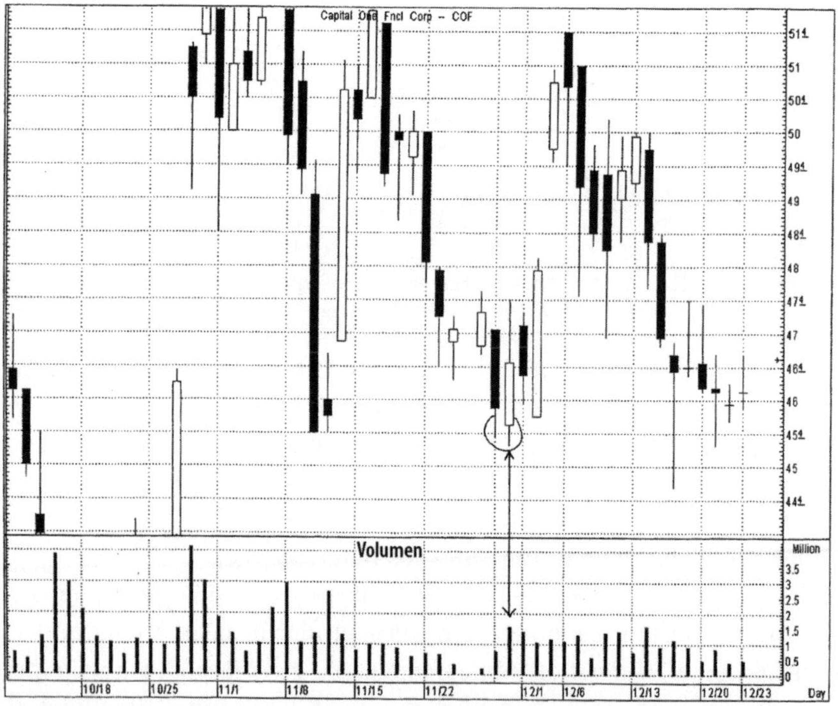

Abbildung 10.15: Volumen

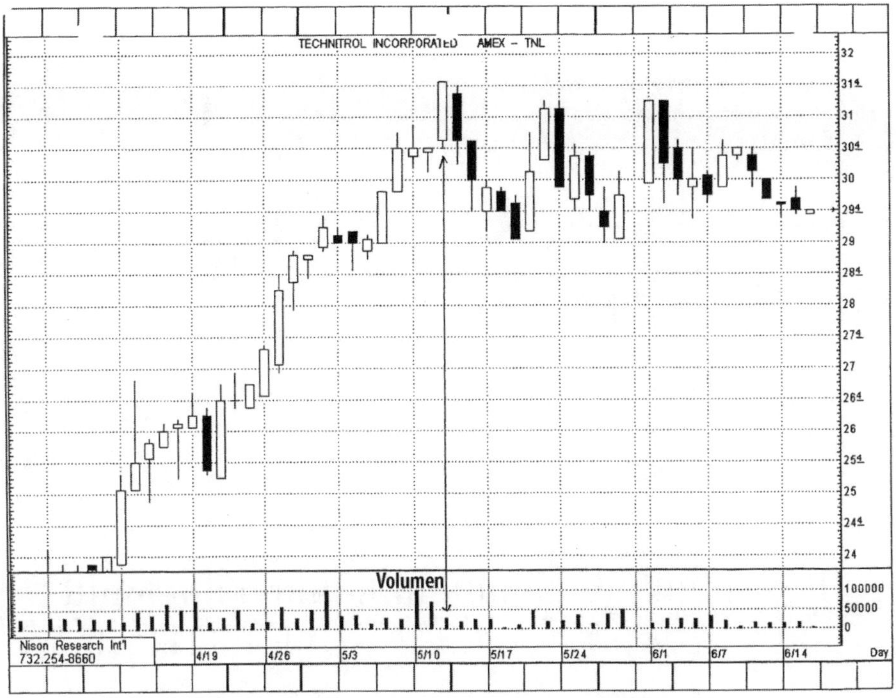

Abbildung 10.16: Bestätigung durch das Volumen

Fällt eine Volumenspitze mit einem bestätigenden Candlestick-Muster wie einem Fenster zusammen, bedeutet dies ein besonders starkes Signal (s. Abbildung 10.17). Zunächst verläuft der Handel seitwärts, dann zieht das Volumen für eine Sitzung an, ein Fenster öffnet sich und der Markt setzt die Aufwärtsbewegung in Richtung der Lücke fort.

Auch bei dem Kursmuster in Abbildung 10.18 ist eine Bestätigung erforderlich. Beachten Sie den steilen Kursrückgang bei gleichzeitig steigendem Volumen. Man spricht hier von Ausverkauf oder „Selling Climax" – eine Situation, in der es häufig zu einer Marktwende kommt. Allerdings sollte man nicht sofort reagieren, denn die Bewegung könnte sich genauso gut fortsetzen. Bestätigt werden die Signale schließlich durch die Fenster im einsetzenden Aufwärtstrend; auch erweist sich das erneute Absacken des Marktes als vorübergehend und der Kurs dreht sofort wieder nach oben.

Abbildung 10.17: Fenster bei hohem Volumen

Abbildung 10.18: Ausverkauf bei steigendem Volumen

Es ist wichtig, östliche und westliche Bestätigungssignale zu kombinieren, weil Sie so zu klareren, aussagekräftigeren Ergebnissen gelangen. Eine einfache Betrachtung von Unterstützung und Widerstand stellt einen guten Ausgangspunkt dar, schützt jedoch nicht vor Überraschungen in Form von Ausbrüchen. Der ergänzende Einsatz von Kerzenmustern erleichtert es, neu entstandene Kursbarrieren und Umkehrpunkte zu erkennen.

10.3 Fragen zum Selbsttest

1. Als Spring bezeichnet man

   a. ein Chartmuster, bei dem der Kurs eine Unterstützung oder einen Widerstand durchbricht und sofort wieder in die bestehende Handelsspanne zurückkehrt

   b. einen Ausbruch über einen Widerstand, durch den eine neue Handelsspanne entsteht

   c. das Fallen des Kurses unter eine Unterstützung gefolgt von einer sofortigen Gegenbewegung

   d. das natürliche Schwanken des Kurses innerhalb der bestehenden Handelsspanne.

2. Bei einem Upthrust handelt es sich um

   a. ein Chartmuster, bei dem der Kurs eine Unterstützung oder einen Widerstand durchbricht und sofort wieder in die bestehende Handelsspanne zurückkehrt

   b. einen Ausbruch über einen Widerstand, nach dem eine neue Handelsspanne entsteht

   c. den Anstieg des Kurses über einen Widerstand gefolgt von einer sofortigen Gegenbewegung

   d. das natürliche Schwanken des Kurses innerhalb der bestehenden Handelsspanne.

3. Ein gleitender Durchschnitt

   a. dient dazu, den über oder unter dem Durchschnitt verlaufenden Kurs nachzuzeichnen

b. weist auf eine mögliche Marktwende hin, wenn er den Kurs kreuzt

c. signalisiert ein Nachlassen des Trends, wenn er sich dem Kurs annähert.

d. Alle Antworten sind richtig.

4. Folgende Muster stellen einen Trendindikator dar:

   a. die Stärke eines fortgesetzt über oder unter der aktuellen Handelsspanne verlaufenden gleitenden Durchschnitts

   b. das Überkreuzen von Kurs und gleitendem Durchschnitt

   c. ein Candlestick-Fortsetzungsmuster

   d. eine Folge von Kerzen derselben Farbe.

5. Das Handelsvolumen eignet sich zur Bestätigung anderer Signale. Das gilt vor allem, wenn

   a. das Volumen unverändert bleibt, während die Kerzenkörper größer werden

   b. eine Volumenspitze mit einem Doji zusammenfällt und eine mögliche Trendwende anzeigt

   c. in drei oder mehr aufeinanderfolgenden Perioden Kerzen mit langem Körper wiederkehren.

   d. Alle Antworten sind richtig.

Ihre Antworten können Sie auf Seite 224 überprüfen.

11. Korrektur und Divergenz

11.1 Korrektur

Wie wohl jeder Trader weiß, währt kein Trend ewig. Doch wenn die Bewegung umkehrt, gehen nicht immer alle Fortschritte der vorherigen Handelssitzungen verloren. Tendenziell erfolgt eher eine Korrektur, bei der sich der Markt um einen bestimmten Teil seiner Bewegung zurückzieht.

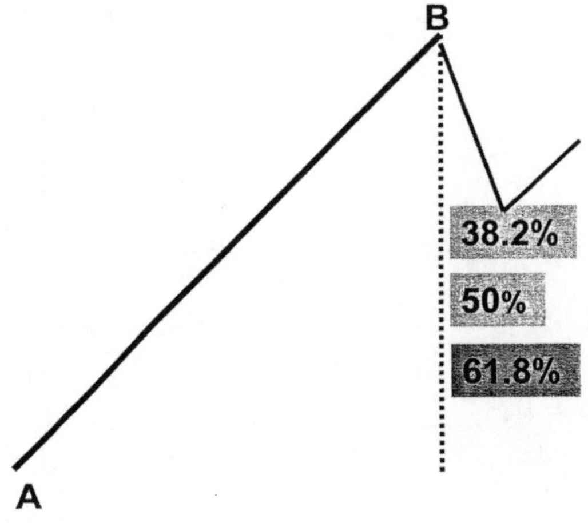

Abbildung 11.1 zeigt einen Kursanstieg von Punkt A nach Punkt B, darauf eine Korrektur von 38,2 Prozent dieser Bewegung.

Bei den angegebenen Prozentwerten handelt es sich um Fibonacci-Zahlen, ein von Charttechnikern oft genutztes Instrument. Die sogenannte Fibonacci-Folge sieht so aus:

1 1 2 3 5 8 13 21 34 55 89

Sollte ich eine Daumenregel für Korrekturen angeben, wäre dies ein Wert von fünfzig Prozent. Anders gesagt: Ich erwarte immer eine Gegenbewegung von etwa der Hälfte. Gewinnt oder verliert der Markt 18 Punkte, gehe ich von einem Rückzug um 50 Prozent oder neun Punkte aus. In Abbildung 11.2 beispielsweise fällt der Kurs von A nach B, wobei eindeutige Anzeichen für einen neuen Widerstand fehlen.

Das 50-Prozent-Korrekturniveau liegt bei etwa 863 Punkten (907 - 819 = 88, und 88 x 50 % = 44, und 819 + 44 = 863).

Abbildung 11.2: Korrekturniveaus

> Die **Fibonacci-Folge** ist eine Folge von Zahlen, in der jede Zahl der Summe der beiden vorangegangenen entspricht.

Eine Korrektur dient oft als Ausgangspunkt einer neuen Bewegung. So läuft der Trend oft in eine Richtung, kehrt auf das erwartete Niveau zurück (Ich verwende einen Wert von 50 Prozent.) und setzt sich dann von dort aus fort (s. Abbildung 11.3).

Abbildung 11.3: Korrektur

Nach meiner Berechnung lagen 50 Prozent der Differenz zwischen A und B bei 23 1/4 Punkten. Am Tief der Korrektur ist ferner zu erkennen, wie der Einfluss der Verkäufer schwindet. Beachten Sie die langen unteren Schatten und das Fenster zwischen den beiden weißen Kerzen.

Abbildung 11.4 stellt dar, wie durch eine Korrektur auch ein neuer Widerstand oder eine Unterstützung entstehen kann. An den Punkten A, B und C stößt der Kurs wiederholt an einen Widerstand. Nach einem Zwischentief steigt der Preis dann höher, und es ist damit zu rechnen, dass A, B und C jetzt eine Unterstützung markieren. In der Tat zieht sich der Markt nach der Bewegung von 1 nach 2 wieder zurück und erreicht nach einer 50-Prozent-Korrektur genau dieses Unterstützungsniveau. Zuletzt erscheint etwa auf Höhe der neuen Unterstützung und des 50-Prozent-Rückgangs noch ein Engulfing Pattern und markiert den Beginn eines neuen Aufwärtstrends.

Korrekturmuster eignen sich hervorragend, um die mögliche Lage neuer Unterstützungs- und Widerstandsniveaus abzuschätzen. Daher sind sie aus meiner Erfahrung sehr nützlich, um andere Signale zu bestätigen.

Abbildung 11.4: 50-Prozent-Korrektur

11.2 Oszillatoren

Weitere wichtige technische Indikatoren sind die Oszillatoren. Gebräuchlich sind unter anderem der Stochastik-Indikator, der MACD (für Moving Average Convergence/Divergence), der Relative-Stärke-Index (RSI) und der Wealth and Strength Index. Oszillatoren sind konzipiert, Trends anhand bestimmter Größen zu quantifizieren, die den Zustand des Marktes erfassen und anzeigen, wenn Divergenzen auftreten und ein Wert überkauft oder -verkauft ist.

Die Einsatzzwecke der Oszillatoren – das frühzeitige Erkennen von Veränderungen und die Bestätigung von Kerzenmustern – sind in Abbildung 11.5 zusammengefasst.

11.2.1 Divergenz

Zum einen werden Oszillatoren eingesetzt, um *Divergenzen* (sowohl positiv als auch negativ) zu entdecken. Ein Oszillator ist gewöhnlich im unteren Bereich des Charts unter dem Kurs dargestellt, sodass jederzeit sichtbar ist, ob er in Marktrichtung zeigt (dann besteht keine Divergenz) oder eine andere Richtung signalisiert (dann besteht Divergenz) (s. Abbildung 11.6). Man geht davon aus, dass Divergenz ein Warnzeichen für eine bevorstehende Richtungsänderung des Kurses ist.

Abbildung 11.5: Oszillatoren

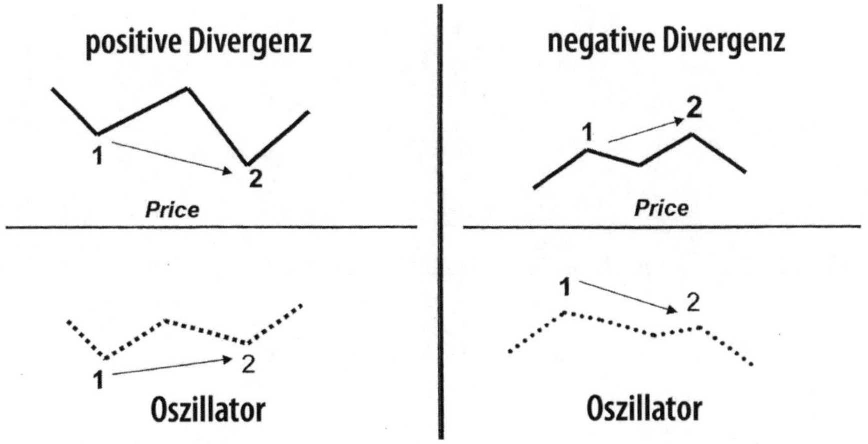

Abbildung 11.6: Divergenzmuster

> **Divergenz** liegt vor, wenn das Signal eines Indikators in eine andere Richtung zeigt als der Kursverlauf.

Positive Divergenz bedeutet, dass der Kurs auf neue Tiefs fällt, während der verwendete Oszillator eine Aufwärtsbewegung ankündigt. So erreicht der

Markt in Abbildung 11.7 ein Tief, während der aus gleitenden Durchschnitten berechnete MACD zulegt.

Die Divergenz sollte hier unsere Aufmerksamkeit erregen. Sie weist auf eine verzögerte Reaktion des Marktes hin, denn der MACD ist insofern präziser als der Kurs, als er den Trend über mehrere Handelsperioden mittelt. Wäre der Markt in sich schwach ist, müsste der Oszillator in dieselbe Richtung laufen, aber das ist hier nicht der Fall.

Abbildung 11.7: Positive Divergenz

Dasselbe gilt für negative Divergenz, die häufig einen Abwärtstrend ankündigt. Hier steigt der Kurs, während der Oszillator fällt. Abbildung 11.8 illustriert dies anhand des Stochastik-Indikators.

Der **Stochastik-Oszillator** misst die Stärke eines Trends, indem er den Schlusskurs der Handelsperioden auf die Handelsspanne einer definierten Zahl von Vorperioden bezieht.

Abbildung 11.8: Negative Divergenz – Stochastik-Indikator

Am Hoch zeigt auch das Candlestick-Muster das Ende des Aufwärtstrends an, aber der Stochastik-Indikator wendet bereits viel früher – was zeigt, wie wichtig es ist, Divergenzen zu beachten.

Ein weiteres Beispiel für negative Divergenz ist in Abbildung 11.9 zu sehen. Hier signalisiert der Relative-Stärke-Index, dass ein Kursrückgang bevorsteht.

Der **Relative-Stärke-Index** (RSI) ist ein Trendindikator, der den Betrag der Kursgewinne und -verluste in einem Zeitraum vergleicht. Er dient dazu, einen überkauften oder -verkauften Zustand zu erkennen und zu quantifizieren.

Als der Kurs zu fallen beginnt, gibt auch der RSI stark nach. Die erste Reaktion zeigt der Indikator allerdings früher: Er tendiert bereits vor dem Hoch des Marktes abwärts. Dies belegt, dass Oszillatoren die Richtung häufig eher ändern als der Kurs.

Oszillatoren reagieren häufig nur eine oder zwei Handelsperioden, bevor der Markt selbst dreht. Daher gilt es, mit einem möglichen Ein- oder Ausstieg schnell zu reagieren. Abbildung 11.10 zeigt einen solchen Verlauf, bei dem man die Entwicklung von Kurs und MACD vergleichen kann.

Abbildung 11.9: Negative Divergenz – Relative-Stärke-Index

Abbildung 11.10: Seitwärtsbewegung lässt Überkauft/Überverkauft-Werte zurückgehen

Der Indikator beginnt eine Sitzung früher zu sinken als der Kurs. Beachten Sie, wie rasch der Oszillator ins Negative fällt. Dies ist ein frühes Warnsignal für eine Trendumkehr, die auch bald nach dem Übergang erfolgt. Eine Divergenz gleicht dem Heraufziehen dunkler Wolken kurz vor dem Regen, wobei in diesem Bild der Regen der Bestätigung durch eine Candlestick-Umkehrformation entspricht. Chart 11.10 macht auch deutlich, wie genau sich die Tiefs des fallenden Kurses und des Oszillators decken – was den Wert des Indikators für die Analyse des Kurses illustriert.

Zusätzlich zum Kurs auch Oszillatoren in die Analyse einzubeziehen, ist eine gute Methode, Stärke oder Schwäche von Trends und sogar von Unterstützungen und Widerständen zu ermitteln. Beachten Sie in Abbildung 11.11 den Unterschied zwischen den zwei bezeichneten Punkten im Chart. An beiden liegt der Kurs auf derselben Höhe, aber an welchem ist der Markt stärker?

Abbildung 11.11: MACD – Wo ist der Markt stärker?

An Punkt 1 sind sowohl Kurs als auch Indikator im Steigen begriffen. Der Rücksetzer ist an dieser Stelle unmöglich abzusehen, auch weil der MACD offenbar eine Fortsetzung des Aufwärtstrends anzeigt. Dennoch ist die Aktie bei Punkt 2 in viel besserer Verfassung: Der Kurs liegt zwar wieder auf demselben Niveau und der Rückgang spricht in gewisser Weise für einen Abwärtstrend, aber anders als an Punkt 1 divergiert der Oszillator und signalisiert einen erneuten Anstieg.

Oszillatoren divergieren dann, wenn der Markt an seinem Niveau überkauft oder überverkauft ist, und ihr Wert liegt in der Vorhersagekraft des Indikators selbst. Er reagiert jeweils vor einer Kurswende oder begleitet sie mit einer eigenen klaren Richtungsänderung. In Abbildung 11.12 finden Sie mehrere Beispiele für eine überkaufte oder -verkaufte Situation, in der die Kerzenmuster allein kein deutliches Signal liefern und der Oszillator für die Analyse zusätzliche Informationen liefert.

In Abbildung 11.12 sind entscheidende Punkte gekennzeichnet und die Kursentwicklung dem MACD gegenübergestellt. Ein interessanter Vergleich ergibt sich bei den Ziffern 1 und 2. Der Candlestick bei 1 trägt einen langen oberen Schatten, der zeigt, dass sich die Käufer nicht mehr durchsetzen konnten und der Anstieg der Periode nicht zu halten war. Wie man es erwarten würde, wendet der Markt und beginnt zu fallen. Gleichzeitig erreicht auch der MACD ein Hoch und gibt dann nach. Damit zeigt er ebenfalls an, dass der Trend Kraft verloren hat. Bei 2 erscheint mit dem Engulfing Pattern erneut ein deutliches Signal für eine Abwärtswende, und auch hier wendet der Oszillator und bestätigt den Kursverlauf. Bei Nummer 3 ergibt sich dasselbe Bild aus Trendwende und Bestätigung durch den Indikator, der ein Hoch erreicht und dann fällt. Bei Ziffer 4 zuletzt legt der Kurs zu, obwohl der Oszillator auch hier ein Hoch zu markieren scheint. Handelt es sich um Divergenz? Möglicherweise, aber es dürfte noch mindestens ein oder zwei Handelsperioden dauern, bis sich dies sicher herausstellt, denn die Kerzen ihrerseits liefern kein Umkehrsignal.

Der große Wert der Oszillatoren liegt darin, dass sie eine weitere Form von Bestätigung liefern. Damit stellen sie die ideale Ergänzung östlicher Analyseinstrumente dar. Manchmal bestätigen oder signalisieren Kerzenmuster eine Trendwende einfach nicht exakt oder so spät, dass der Umkehrpunkt schon erreicht ist. Hier kündigen Oszillatoren als früher Warnhinweis Veränderungen an, die mehrere Sitzungen später eintreten.

Abbildung 11.12: MACD als zusätzliches Analysewerkzeug

11.3 Fragen zum Selbsttest

1. Unter einer Korrektur versteht man

   a. dass der Kurs zur Ausbildung immer wieder derselben Muster neigt und vergangene Trends wiederholt

   b. wenn ein Trend wendet und der Markt zum ursprünglichen Kurs zurückkehrt

   c. Candlestick-Muster, die eine Bewegung in Richtung des bestehenden Trends vorhersagen, ein Fortsetzungsmuster

   d. die einen bestimmten Prozentsatz der ursprünglichen Bewegung umfassende Rückkehr des Kurses entgegen der Trendrichtung.

2. Die Fibonacci-Folge wird in der technischen Analyse eingesetzt, um eine Ordnung in Kursbewegungen zu erkennen. Sie entspricht

   a. einer Folge von Zahlen, von denen jede die Summe der beiden vorherigen bildet

   b. einer Bewegung gegen den Trend, deren Umfang mathematisch bis auf einen Punkt genau berechnet wird

   c. niedrigen, im Zeitverlauf statistisch vorhersagbaren prozentuellen Veränderungen zwischen dem Kurs und dem MACD (oder anderen Oszillatoren)

   d. auf exponentiellen gleitenden Durchschnitten beruhende Ergebnisse.

3. Ein charttechnischer Oszillator

   a. bestätigt jeweils Kursbewegungen basierend auf langfristigen gleitenden Durchschnitten und der Analyse von Konvergenz und Divergenz

b. macht Veränderungen in der Kursdynamik sichtbar und ermöglicht so, Divergenzen und einen überkauften oder -verkauften Markt zu erkennen

c. beruht immer auf einer Korrelation zwischen gleitendem Durchschnitt und relativer Stärke

d. zeigt, dass die Preisvolatilität direkt mit der Entwicklung des Volumens in Beziehung steht.

4. Der Begriff Divergenz bezeichnet

   a. den Abstand zweier aufeinanderfolgender Candlesticks, zwischen deren Körpern Lücken bzw. Fenster bestehen

   b. eine Kursbewegung entgegen der von einem Oszillator signalisierten Richtung

   c. den Wechsel von einem Aufwärts- zu einem Abwärtstrend

   d. eine enger oder breiter werdende Handelsspanne.

5. Die Abkürzung RSI steht für:

   a. Related Stock Indicator

   b. Rally Surprise Incursion

   c. Relative Strength Index

   d. Reaction Surge Increase.

Ihre Antworten können Sie auf Seite 224 überprüfen.

12. Analyse der Schulter-Kopf-Schulter-Formation

Die Schulter-Kopf-Schulter-Formation gehört zu den Standardmustern der westlichen technischen Analyse. Hier steigt der Kurs zunächst an, fällt bis zu einer Unterstützung zurück, klettert auf ein zweites, höheres Hoch, sinkt erneut und bildet zuletzt ein drittes, dem ersten ähnliches Hoch aus. Hoch eins und drei werden als Schultern bezeichnet, das zweite als Kopf und das Unterstützungsniveau als Nackenlinie. Von einer umgekehrten oder inversen Schulter-Kopf-Schulter-Formation spricht man, wenn statt der Folge von Hochs drei Tiefs auftreten.

In den Fällen, in denen der Kurs die Nackenlinie nach unten (oder im Fall der inversen Formation nach oben) durchbricht, steigt häufig das Handelsvolumen erheblich an (s. Abbildung 12.1 für das Grundmuster).

Die Schulter-Kopf-Schulter-Formation besitzt hohe Aussagekraft und bestätigt Candlestick-Signale. Abbildung 12.2 zeigt das Muster – das in der östlichen Chartanalyse auch als Buddha Top bezeichnet wird – in seiner klassischen Form.

In der östlichen Chartanalyse heißt die Schulter-Kopf-Schulter-Formation **Buddha Top**.

Im gezeigten Beispiel verläuft die Nackenlinie geneigt. Nachdem der Preis gefallen und das Schulter-Kopf-Schulter-Muster abgeschlossen ist, wird sie zum Widerstand.

Ein weiteres Schulter-Kopf-Schulter-Muster oder Buddha Top mit einer fallenden Nackenlinie, die zum neuen Widerstand wird, ist in Abbildung 12.3 zu sehen.

In diesem Fall ist die erste Schulter weniger markant ausgeprägt, aber das Muster verläuft und endet in derselben Weise. Sehr oft treten während der Entstehung oder am Ende der Schulter-Kopf-Schulter-Formation auch Kerzenmuster auf, die schon früh eine Trendwende andeuten. In Abbildung 12.4 erscheint zunächst eine große Aufwärtslücke, aber wie sich später zeigt, kann sich der Markt nicht auf dem hohen Niveau halten. Der Schulter-Kopf-Schulter-Verlauf lässt fallende Kurse erwarten, und dies wird durch Candlesticks in der zweiten Schulter bestätigt. Beachten Sie die immer kürzeren, in Dojis übergehenden Körper sowie die abschüssige Nackenlinie.

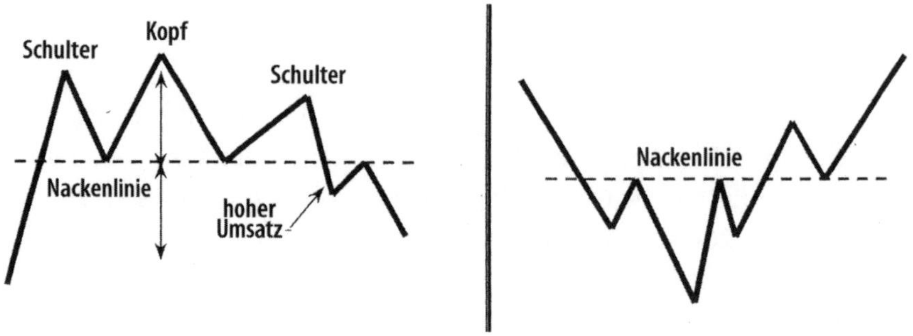

Abbildung 12.1: Schulter-Kopf-Schulter-Formation

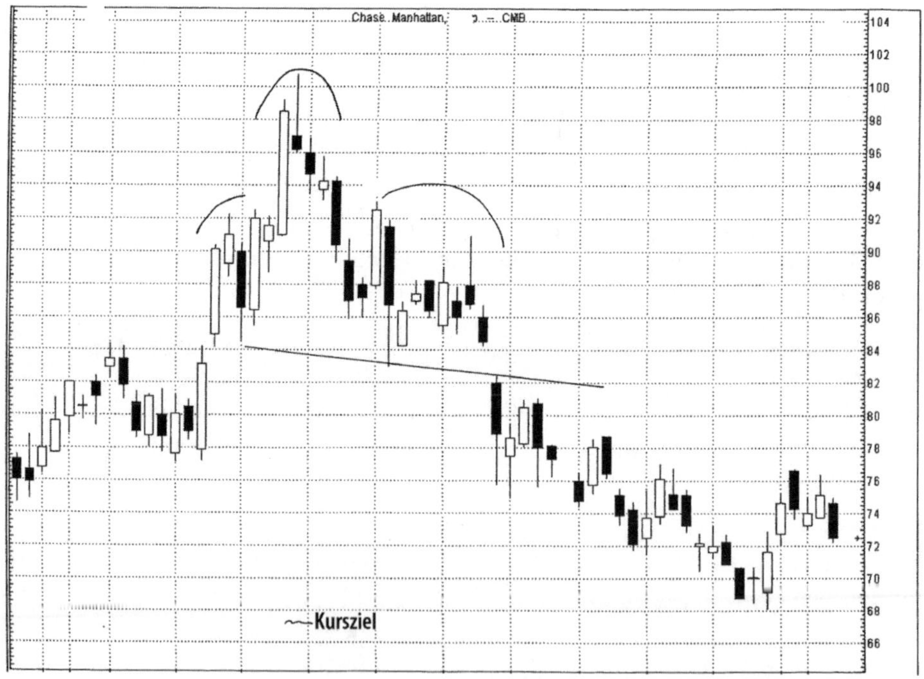

Abbildung 12.2: Klassische Schulter-Kopf-Schulter-Formation (Buddha Top)

Abbildung 12.3: Schulter-Kopf-Schulter-Formation mit fallender Nackenlinie

Abbildung 12.4: Schulter-Kopf-Schulter-Muster signalisiert Kursrückgang

Dieselben Regeln gelten bei der inversen Formation. Im Diagramm des inzwischen zu HP gehörenden Computerherstellers Compaq in Abbildung 12.5 ist gut zu sehen, wie sich östliche und westliche Signale ergänzen und dieselbe Entwicklung vorhersagen.

Abbildung 12.5: Östliche und westliche Signale im Chart von Compaq

Hier steigt die Nackenlinie an; dies ist naheliegend, da die Formation kopfsteht. Nach dem Schulter-Kopf-Schulter-Muster entsteht ebenso erwartungsgemäß eine Aufwärtsbewegung, und schließlich tritt am Hoch rechts als starkes Umkehrsignal ein Harami auf. Danach fällt der Kurs wieder und macht wenig überraschend vor der Nackenlinie halt. In Abbildung 12.6 veranschaulicht ein Diagramm des US-Leitindex Dow Jones eine weitere das Muster betreffende Regel: Kopf und beide Schultern sind nahezu vollständig, doch ist das Muster nicht gültig, bevor der Kurs die Nackenlinie durchbricht – und dies steht noch aus. Solange der Markt über der Unterstützung verharrt, sollten Sie nicht auf eine Abwärtsbewegung setzen. Sobald das Niveau jedoch durchbrochen wird, ist die Formation bestätigt.

Abbildung 12.6: Unvollendete Schulter-Kopf-Schulter-Formation

Abbildung 12.7: Falsches Umkehrsignal

Wie geht es also weiter? Abbildung 12.7 zeigt die Fortsetzung des Kursverlaufs: Die Unterstützung bleibt stabil und der Kurs zieht kräftig an. Was nach Kopf-Schulter-Kopf-Formation aussah, entpuppt sich als falsches Umkehrsignal.

Signale, für die die nötige Bestätigung fehlt, sollten also vorsichtig interpretiert werden. Oft ist es klug, das Kopf-Schulter-Kopf-Muster mit einem gleitenden Durchschnitt zu kombinieren. Dies hilft, falsche Signale zu erkennen und zu bestimmen, ob Kurs und gleitender Durchschnitt konvergieren, oder ob die Dynamik der Bewegung ungebrochen ist. Abbildung 12.8 zeigt ein Beispiel dafür, dass sich der Durchschnitt durchweg über dem Kurs hält und der relative Verlauf selbst nach einem starken Rückgang unverändert bleibt.

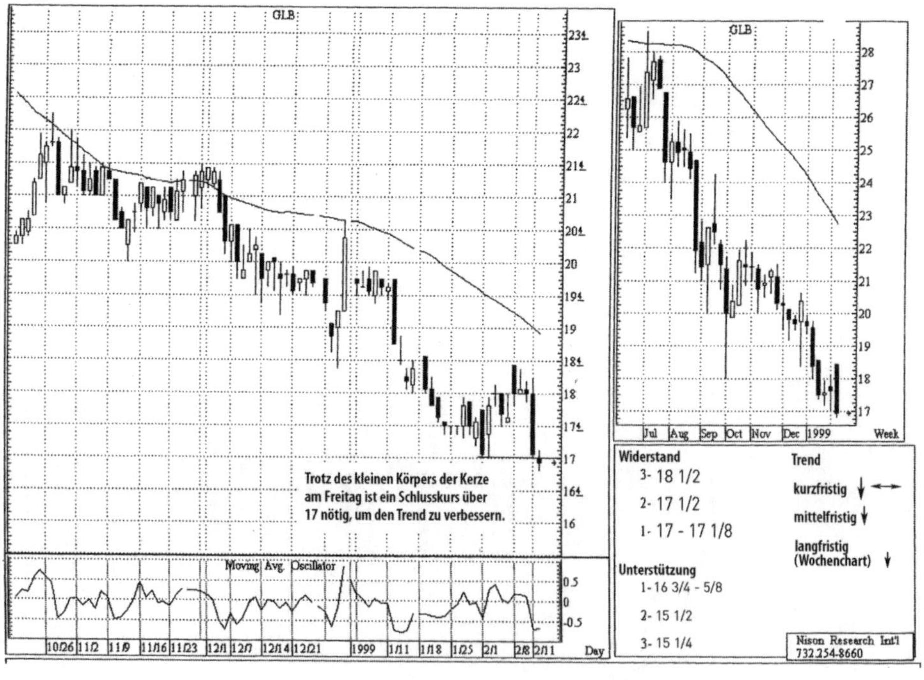

Abbildung 12.8: Schulter-Kopf-Schulter und gleitende Durchschnitte

In Abbildung 12.8 bewegt sich der Durchschnitt in deutlichem Abstand über dem Markt. Im weiteren Verlauf in Abbildung 12.9 wird die seit Kurzem bestehende, waagerecht verlaufende Unterstützung einige Perioden lang auf die

Probe gestellt. Der Ausbruch scheitert jedoch und der Kurs kehrt über das Unterstützungsniveau zurück. Es handelt sich um keine eindeutige umgekehrte Schulter-Kopf-Schulter-Formation, aber der Kurs verhält sich, als sei dies der Fall. Der wesentliche Test in Abwärtsrichtung erfolgt durch den langen unteren Schatten der schwarzen Sitzung, nach der sich der Preis rasch wieder über die Unterstützung zurückzieht.

Abbildung 12.9: Kurs verhält sich wie bei umgekehrter Schulter-Kopf-Schulter-Formation

Solche Muster können jedoch auch täuschen – vor allem, wenn man nur einen Zeitrahmen betrachtet. Abbildung 12.10 zeigt den Fall einer scheinbar überverkauften Situation.

Tatsächlich ergibt der Blick auf ein Diagramm mit kürzeren Perioden aber ein anderes Bild. Aus Abbildung 12.11 ist ersichtlich, dass der gleitende Durchschnitt durchgehend in gleichem Abstand unter dem stetig fallenden Kurs verläuft. Der Markt ist also keineswegs überverkauft, auch wenn es im vorherigen Chart so aussah.

Abbildung 12.10: Auf den ersten Blick überverkauft

Abbildung 12.11: Verändertes Bild bei kürzerer Periodenlänge

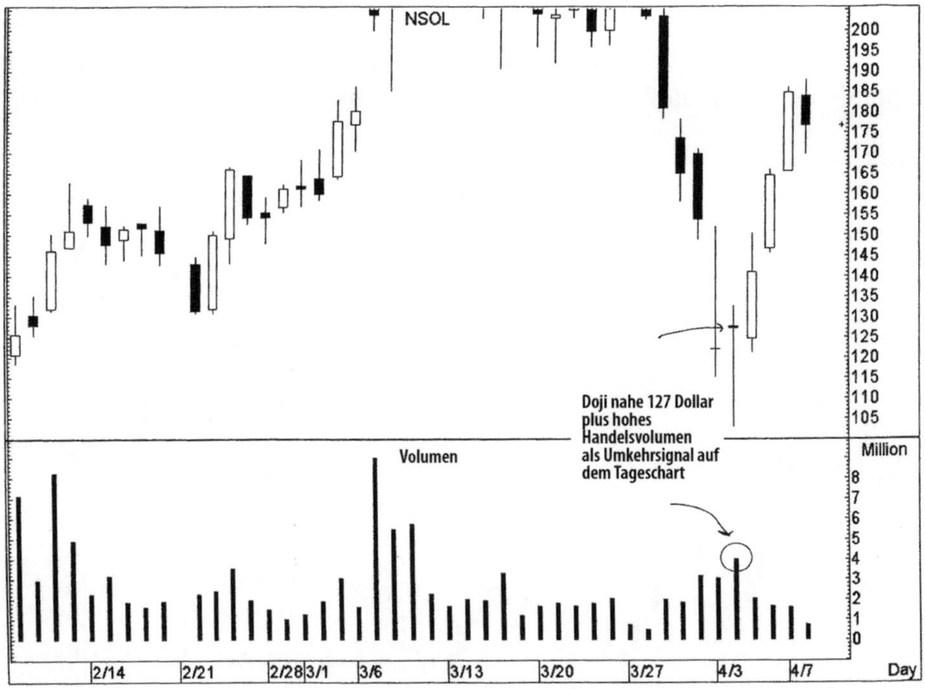

Abbildung 12.12: Abwärtstrend mit abschließendem Doji

Nicht immer liegt ein eindeutiges, eine Trendwende signalisierendes Schulter-Kopf-Schulter-Muster vor, und auch die Candlestick-Formationen bilden sich manchmal nur langsam. In Abbildung 12.12 sehen Sie einen markanten Abwärtstrend, der in einem Doji endet. Dabei deuten der lange obere und untere Schatten der Kerze und der überdurchschnittlich hohe Umsatz auf die bevorstehende Wende hin.

Dennoch fehlt in Abbildung 12.12 zum Zeitpunkt des Doji ein deutliches Kaufsignal. Der Ausgang der Auseinandersetzung zwischen Käufern und Verkäufern ist noch offen. Erst Abbildung 12.13, die den Doji-Tag als Fünf-Minuten-Chart zeigt, liefert einen klaren Hinweis. In der detaillierteren Darstellung erscheint ein Engulfing Pattern, das auf einen Kursanstieg hindeutet. Dies zeigt, warum es oft lohnt, auf der Suche nach überzeugenden Ein- oder Ausstiegssignalen verschiedene Periodenlängen einzustellen.

Ein weiteres Beispiel: An den drei letzten Tagen in Abbildung 12.14 legt der Kurs jeweils kräftig zu. Allerdings stellt sich die Frage, wo die Bewegung Unterstützung findet. Der Preis steigt so rasch, dass sich die Entwicklung kaum einschätzen lässt. Was bedeutet die weiße Kerze mit dem langen unteren Schatten am 7. Januar?

Abbildung 12.13: Kaufsignal nach dem Doji

Die Antwort ergibt sich aus Abbildung 12.15. Sie stellt die letzten fünf Handelstage des Zeitraums als Ein-Stunden-Chart dar, und die Kursbewegung des 7. Januar umfasst eine große Aufwärtslücke, auf die ein weiterer Anstieg folgt. In dieser Darstellung ist offensichtlich, wo die Unterstützung verläuft, was Ihnen das Timing erleichtert.

Betrachtet man wiederum im Tageschart in Abbildung 12.16, wie sich der Kurs fortsetzt, wird deutlich, wie nützlich der zusätzliche Blick auf den Stundenchart war. Dort ist die Unterstützungslinie gut zu erkennen: Sie liegt genau bei 34 Dollar, dem Eröffnungskurs der weißen Kerze mit langem Schatten. In der anschließenden Aufwärtsbewegung lässt sich zudem 34,4 als sekundäre Unterstützung auffassen, die Verlängerung des zuvor bestehenden Widerstandsniveaus.

Durch den ergänzenden Einsatz von Candlesticks lassen sich Unterstützungen und Widerstände an Schulter-Kopf-Schulter-Formation sicherer bestimmen – ein weiteres Beispiel dafür, dass sich östliche und westliche Analyse nicht ausschließen, sondern gut ergänzen.

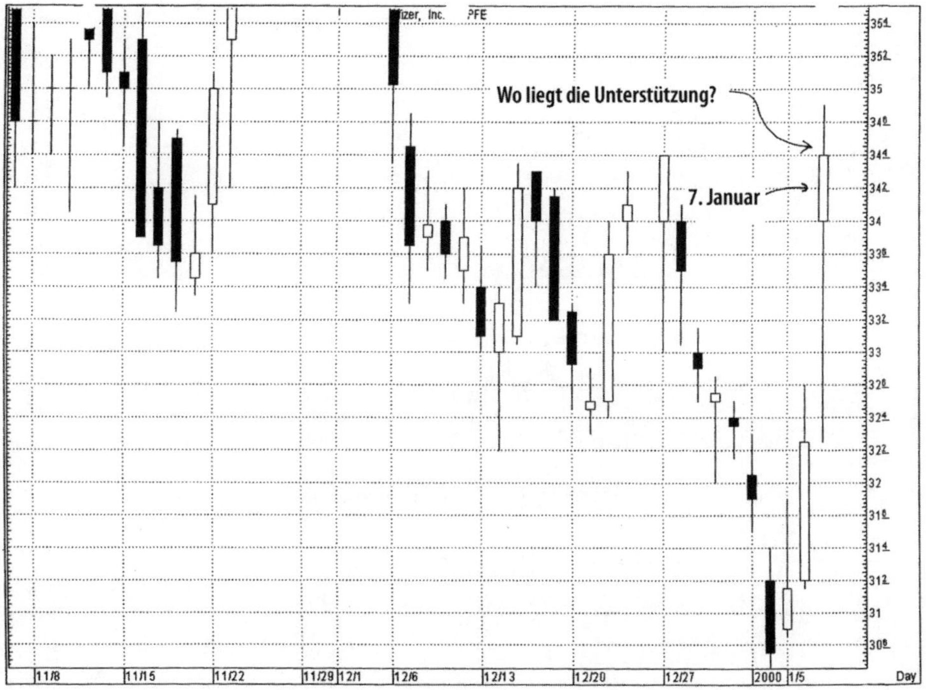

Abbildung 12.14: Wo liegt die Unterstützung?

Abbildung 12.15: Ein-Stunden-Chart

Abbildung 12.16: Tageschart

12.1 Fragen zum Selbsttest

1. Eine Schulter-Kopf-Schulter-Formation umfasst

    a. drei Hochs, wobei das zweite von ihnen höher liegt als das erste und dritte

    b. in der inversen Variante drei Tiefs, wobei das zweite tiefer liegt als die anderen

    c. nach den Hochs einen Durchbruch unter die Nackenlinie oder im inversen Fall einen Ausbruch über die Nackenlinie.

    d. Alle Antworten sind richtig.

2. Als Nackenlinie bezeichnet man

    a. einen Preisbereich am Hoch der Schulter-Kopf-Schulter-Formation

    b. die Linie, die durch die beiden Tiefs (Hochs beim inversen Muster) zwischen den drei Hochs (Tiefs) verläuft

    c. die Mittellinie bei der Entstehung des Schulter-Kopf-Schulter-Musters.

    d. Alle Antworten sind richtig.

3. „Buddha Top"

    a. stellt eine alternative Bezeichnung für die Schulter-Kopf-Schulter-Formation dar

    b. ist ein Ausdruck für eine leicht fallende Nackenlinie

    c. ist ein Gegenbegriff für Hoch; beim Schulter-Kopf-Schulter-Muster wird es auch inverser Kursrückgang genannt und bezeichnet den Kopf

   d. bezeichnet einen Umkehrpunkt, der durch ein Engulfing Pattern signalisiert wird.

4. Ein Schulter-Kopf-Schulter-Muster gilt als bestätigt, wenn

   a. der Kurs die Nackenlinie nach unten oder – bei der inversen Formation – nach oben durchbricht

   b. die zweite Schulter erscheint und der Kurs umkehrt

   c. zusätzlich ein Candlestick-Umkehrsignal erscheint

   d. in derselben Handelsperiode das Volumen ein Hoch markiert und ein Doji auftritt.

5. Ist ein Trend schlecht einzuschätzen, sollte man

   a. davon ausgehen, dass die vorliegenden Muster Fehlsignale darstellen

   b. denselben Chart in einem kürzeren Zeitfenster analysieren

   c. den gleitenden Durchschnitt einzeichnen und auf Konvergenz achten

   d. ein deutlicheres Candlestick-Signal abwarten.

Ihre Antworten können Sie auf Seite 224 überprüfen.

13. Candlesticks im Kontext

Wie bereits ausgeführt, funktionieren Candlestick-Muster in sämtlichen Zeitrahmen, genau wie alle westlichen Chartsignale und -muster. Diese Information ist nützlich: Wenn Sie routinemäßig eine Periodenlänge von einem Tag verwenden, aber keine Signale erkennen können, sollten Sie zunächst in einen aktuellen Stunden-, 15-Minuten- oder Fünf-Minuten-Chart wechseln.

In dem auf Perioden von fünf Minuten eingestellten Chart in Abbildung 13.1 erscheinen beispielsweise mehrere Engulfing Patterns. Wegen des Zeitrahmens treten in kurzen Abständen Trends und Umkehrpunkte auf, aber wenn sie innerhalb eines Tages handeln statt mit einem Zeithorizont von mehreren Tagen, sind die kürzeren Zeitfenster für Sie sehr wichtig.

Die ersten beiden Hochs sind von Engulfing Patterns gekrönt, und nach einem Kursrückgang kündigt das Muster die Trendwende nach oben an. Letztere Formation etabliert zudem eine eindeutig erkennbare Unterstützungslinie, was ebenso wichtig ist wie das Muster und die Trendwende an sich. Beachten Sie, wie das Niveau vor dem nächsten Anstieg mehrfach getestet wird.

Weiter geht es mit dem Beispiel in Abbildung 13.2, einem 30-Minuten-Chart des Internet-Unternehmens AOL, der eindeutige Signale enthält. Auf eine Kerze mit langem unterem Schatten folgt erst ein Fenster und dann ein weiteres. Wie findet man bei diesem Kursverlauf den richtigen Moment zum Aussteigen? Die High Wave Candle schließt mit der seit etlichen Sitzungen ersten ernsthaften schwarzen Kerze – und gibt damit das Zeichen zu handeln.

Als Momentum-Händler – zu denen viele Daytrader gehören – müssen Sie engere Zeitrahmen einsetzen, damit Sie die rasch wechselnden kurzfristigen Trends erkennen. Abbildung 13.3 zeigt ein 15-Minuten-Chart des IT-Konzerns IBM. An einem Piercing Pattern bildet sich Unterstützung, die von einer zweiten Piercing Line bestätigt wird. Damit besteht eine Grenze nach unten, aber erneut stellt sich die Frage nach dem Ausstieg. Hier schafft die große Aufwärtslücke Unsicherheit, da der Markt so schnell zulegt. Es liegt nahe, dass der Kurs wendet und das Fenster schließt, und tatsächlich lässt das Ausstiegssignal nicht lange auf sich warten.

Abbildung 13.1: Fünf-Minuten-Chart – Engulfing Patterns

Abbildung 13.2: 30-Minuten-Chart – Ausstiegssignal durch High Wave Candle

Abbildung 13.3: 15-Minuten-Chart für IBM – Piercing Pattern, Kauf und Verkauf

13.1 Marktumfeld

Manchmal halten starke Trends unerwartet lange an. Bei einem Anstieg gilt es einfach, auf Fortsetzungssignale zu achten. „Eine Leiter gegen die Wolken lehnen", sagen die Japaner – eine bildreiche Wendung, die auch eine Warnung ist. Seien Sie sich immer gewärtig, dass der Aufwärtstrend von Wolken getragen wird und daher plötzlich umschwenken kann (s. Abbildung 13.4).

Hier sind gleich mehrere Punkte interessant. Bei Candlesticks denkt man zunächst an Umkehr- und weniger an Fortsetzungssignale. Dennoch muss man sie immer in ihrem Marktumfeld betrachten. Bei mehreren Aufwärtsfenstern, gefolgt von einem Doji – der dazu noch einen langen oberen Schatten trägt –, erwartet man normalerweise eine Trendwende. Doch hier klettert der Preis weiter, wobei im späteren Verlauf sogar eine Reihe kleiner Fenster in Folge auftreten. Warum geschieht dies? Nun, der Doji erscheint an einem neuen Hoch.

Zusammen mit dem Fenster liegt so ein starkes Fortsetzungssignal vor. Mit anderen Worten: Die Dynamik der Bewegung ist aufschlussreicher als der Doji.

Auch das folgende Beispiel demonstriert, wie das Umfeld die Interpretation von Candlesticks beeinflusst. In Abbildung 13.5 folgt auf eine sehr lange schwarze Kerze eine ebenfalls lange weiße Kerze. Wie ist das zu deuten? Einige Sitzungen lang hält sich der Markt über einem Widerstand, doch dann folgt eine ausgeprägte, uniforme Reihe schwarzer Kerzen. Diese Abwärtsdynamik durchbricht die Unterstützung mühelos.

Abbildung 13.4: Die Bedeutung des Marktumfelds

Signale können falsch sein und in die Irre führen. Daher müssen Sie auf Bestätigung achten und gleichzeitig jede Entwicklung im Zusammenhang betrachten. Beispielsweise wird man einen Hammer in der Regel als Umkehrsignal und Zeichen für einen Aufwärtstrend ansehen. Der typische untere Schatten steht für den gescheiterten Versuch der Verkäufer, den Kurs tiefer zu drücken. Aber wie oft kommen drei Hämmer in Folge vor, jeder niedriger als der vorherige? Dieses bemerkenswerte Muster ist in Abbildung 13.6 dargestellt.

Abbildung 13.5: Muster im Marktumfeld

Abbildung 13.6: Kerzen im Kontext

Die Verkäufer waren hier zum Zeitpunkt des ersten Hammers noch keineswegs erschöpft. Am Ende trat die Wende ein, aber bis das große Aufwärtsfenster erschien, dauerte es einige Handelsperioden. Die Reaktion erfolgte gewissermaßen verzögert. Auch Abbildung 13.7 zeigt eine Situation, in der Candlestick- und andere Signale mit Unterstützung und Widerstand kombiniert werden müssen.

Abbildung 13.7: Doji nach langer weißer Kerze

In dem Chart tritt nach einem langen weißen Candlestick ein Doji auf. Wir haben es mit einem Polaritätswechsel zu tun, durch den der zuvor bestehende Widerstand zur Unterstützung wird. Würde man diesen Rollentausch nicht erkennen, wäre das Diagramm schwer zu deuten.

Um bei einem solchen Kursverlauf zu einem Ergebnis zu kommen, ist eine gewisse Subjektivität erforderlich. Abbildung 13.8 illustriert gut, dass ein Chartbild manchmal alles andere als eindeutig ist.

Zweimal in Folge erscheint eine Dark Cloud Cover, aber keine von ihnen hat die perfekte Form. Eigentlich sollte die schwarze Kerze unter der Mitte des weißen Körpers schließen, was beide Male nicht der Fall ist.

Abbildung 13.8: Subjektivität

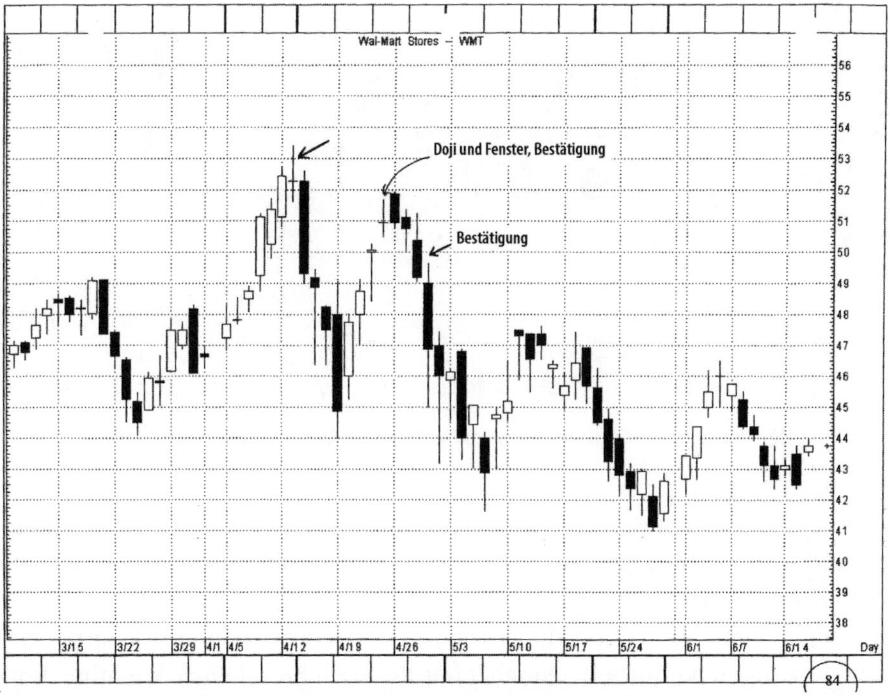

Abbildung 13.9: Doji-Fenster-Kombination

Der Abwärtstrend setzt nach diesem unvollständigen Signal verzögert ein. Manchmal ist das erstbeste Muster zu schwach und reicht als Umkehrformation nicht aus. Ähnliches gilt für eine Doji-Fenster-Kombination. Diese ist bereits aussagekräftiger als ein isolierter Doji, muss aber trotzdem immer bestätigt werden. Ein Beispiel finden Sie in Abbildung 13.9.

Nachdem Doji und Fenster erschienen sind, heißt es warten, bis eine Kerze unterhalb der Lücke schließt. Erst dann können Sie von einer Trendwende ausgehen. Es dauert drei Sitzungen, bis es so weit ist. Den Regeln entsprechend die Bestätigung eines Kerzenmusters abzuwarten, erfordert also manchmal Geduld.

Abbildung 13.10: Östliche und westliche Instrumente bestätigen einander

In anderen Fällen bestätigen sich östliche und westliche Chartmuster gegenseitig, sodass sie mehr Aussagekraft gewinnen. In Abbildung 13.10 bildet sich eine relativ schwache Dark Cloud Cover aus; auch hier reicht der schwarze Körper nicht über die Hälfte des vorherigen hinab. Der obere Schatten der beiden Sitzungen vermittelt jedoch eine zusätzliche, ebenso wichtige Botschaft: Der Markt konnte sich am neuen Hoch nicht halten. Dies deutet wie die Dark Cloud Cover auf eine Abwärtsbewegung hin – ein weiteres Beispiel dafür, dass Candlesticks jeweils im Zusammenhang gesehen werden müssen.

13.2 Konfluenz

Das Prinzip, bei der Candlestick-Analyse begleitende Faktoren zu berücksichtigen, führt zu einem weiteren, ebenso wichtigen Konzept: der Konfluenz technischer Signale. Der Begriff bezeichnet das Zusammenfassen östlicher und westlicher Instrumente; je stärker sich die beiden Gruppen bestätigen, desto aussagekräftiger ist das Signal.

Ein hervorragendes Beispiel sehen Sie in Abbildung 13.11. Am Tief erscheinen hier ein Hammer und ein Spring-Muster. Beide sind schon für sich starke Umkehrsignale, aber gleichzeitig zieht der Relative-Stärke-Index kräftig an, sodass vor dem Kurstief positive Divergenz entsteht. Hammer und Spring untermauern den RSI und kündigen den folgenden Aufwärtstrend an.

Abbildung 13.11: Konfluenz

Abbildung 13.12: Bullish Engulfing Pattern und Harami Cross

Von **Konfluenz** spricht man, wenn mehrere Muster oder Indikatoren dasselbe Signal geben. Insbesondere gilt dies für eine Kombination aus östlichen und westlichen Instrumenten.

Auch Abbildung 13.12 zeigt einen Fall von Konfluenz. Das Engulfing Pattern stellt ein deutliches Umkehrsignal dar und dient als neue Unterstützung. Im weiteren Handel wird dies durch einen Test und ein Harami Cross aus großem Körper mit folgendem Doji bestätigt.

Abbildung 13.13 zeigt ein weiteres Beispiel dafür, dass an einem unteren Schatten eine Unterstützungslinie entsteht. Sie wird später durch den ähnlich langen Schatten eines Doji getestet, und wie zu erwarten, stellt der Doji das Tief und den Wendepunkt des Marktes dar.

Eine andere Art Konfluenz liegt vor, wenn ein starker Trend mit einem klaren Signal abschließt. Abbildung 13.14 zeigt einen Trend mit einer steil ansteigenden Widerstandslinie, aber dann verliert die Bewegung Schwung und ein Problem tritt auf: eine Reihe von Kerzen mit sehr kurzem Körper. Sie werden immer kleiner, bis hin zu einem Doji und schließlich einem Abwärtsfenster.

Die Doji-Sitzung mit dem langen oberen Schatten deutet stark darauf hin, dass der Markt den Höhepunkt erreicht hat.

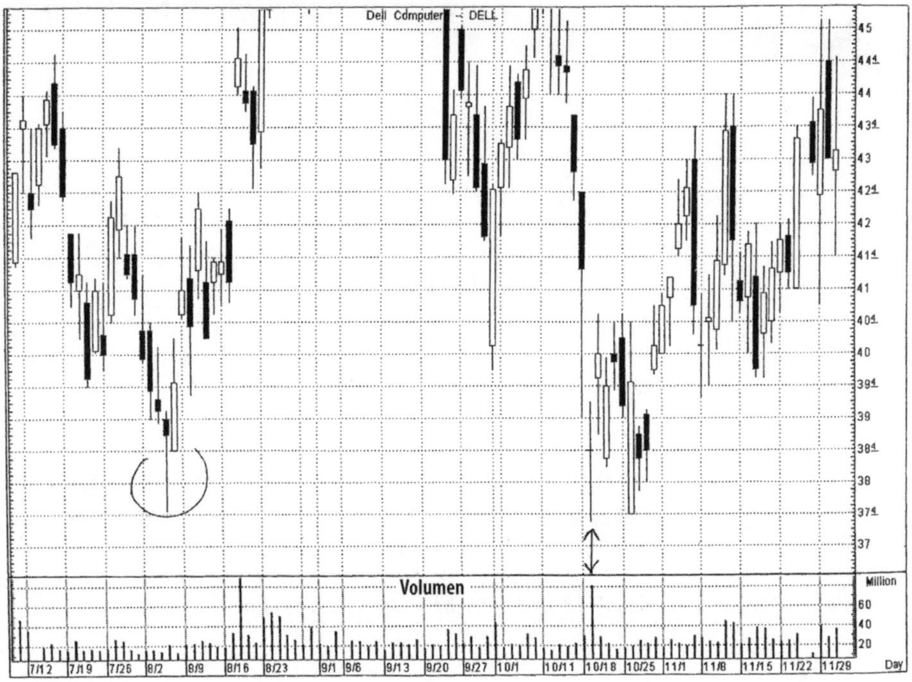

Abbildung 13.13: Neue Unterstützung

Die Lehre aus Abbildung 13.15 erschließt sich erst bei genauerem Hinsehen, ist aber eine ebenso wichtige: Die Deutung von Candlestick-Mustern ist nie endgültig, sondern verändert sich mit der aktuellen Marktsituation. Das Diagramm illustriert eine Weisheit, auf die ich bei der Übersetzung eines Buchs aus dem Japanischen gestoßen bin: „Um etwas über den Markt zu lernen, frage den Markt! Nur so wirst du zu einem abscheulichen Marktteufel."

Was ist gemeint? Sie „fragen den Markt" in Form des Kursmusters. Dabei ergeben sich visuelle Hinweise darauf, wie der Situation Rechnung zu tragen ist. Der erste Anhaltspunkt besteht in dem riesigen Abwärtsfenster, der zweite in dem Aufwärtsfenster etwa einen Monat später. Letzteres durchbricht den Widerstand, der sich vor der ersten Lücke gebildet hat und als horizontale Linie eingezeichnet ist. Hält sich der Markt nun über dem Niveau? Um sicherzugehen, dass der Schein nicht trügt, warte ich auf ein Fortsetzungssignal, bevor ich reagiere – und tatsächlich verliert die Aufwärtsbewegung in diesem Fall an Kraft und der Kurs fällt zurück.

Abbildung 13.14: Konfluenz – kleine Kerzenkörper

Abbildung 13.15: Auf den Markt achten

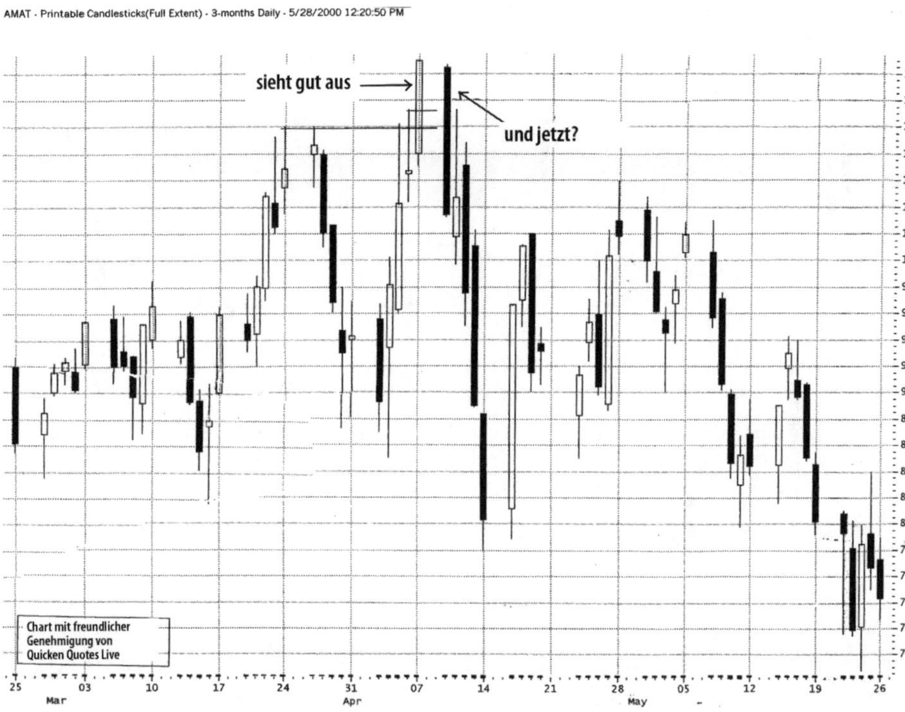

Abbildung 13.16: Kursumkehr

In Abbildung 13.16 scheint es, als würde ein Widerstandsniveau nach oben durchbrochen und zur Unterstützung avancieren. Aber das bleibt nicht lange so. In der Tat muss man schon in der folgenden Sitzung bei der langen schwarzen Kerze umdenken, die einen Kursrückgang ankündigt.

Auch deutliche Candlestick-Muster sind manchmal nicht sofort lesbar, sondern erst einige Handelsperioden später. Die Dark Cloud Cover in Abbildung 13.17 lässt eine Trendwende erwarten, aber die beiden Folgesitzungen ragen über den Widerstand. Handelt es sich um einen Test, oder ist das Umkehrmuster falsch? Die Antwort erhalten wir mit der nächsten Kerze, die eine schnelle, ausgeprägte Abwärtsbewegung einleitet.

Eine weitere Lehre der östlichen Charttechnik lautet: „Die Käufer müssen ihre Stärke beweisen.“ In Abbildung 13.18 bildet sich ein Widerstandsniveau, das dann von einer Reihe Dojis nach oben durchbrochen wird. Der Widerstand bildet sich zunächst an einem Bearish Engulfing Pattern, aber der Kurs fällt nicht. Stattdessen legt er in kleinen Schritten zu, bis das Kaufsignal erscheint, und aus dem Widerstand wird rasch Unterstützung.

Abbildung 13.17: Dark Cloud Cover – auf den Markt achten

Abbildung 13.18: Wie stark sind die Käufer?

Wie geht es weiter? Nach einem Anstieg erscheint ein weiteres Bearish Engulfing Pattern, nach dem sich der Kurs wieder an die Unterstützung zurückzieht. Das Niveau bleibt zunächst stabil. Danach folgt der zweite Anlauf nach oben, ein Shooting Star bildet sich, dann eine Folge kleiner Kerzenkörper. Damit tritt mit Verspätung ein deutliches Umkehrsignal auf.

Muster im Marktzusammenhang zu betrachten stellt auch ein wichtiges Tradingprinzip dar: Sie müssen bei jedem Muster das Chance-Risiko-Verhältnis abschätzen. Candlesticks sollten niemals isoliert verwendet werden, sondern immer vor dem Hintergrund des technischen Gesamtbilds. Eine weitere japanische Redensart lautet: „Seine Möglichkeiten gibt ihm der voll ausgezogene Bogen, den Zeitpunkt bestimmt er durch das Loslassen der Sehne."

Abbildung 13.19: Umkehr des Aufwärtstrends

Mit dem markierten langen unteren Schatten in Abbildung 13.19 liegt eindeutig ein unterer Wendepunkt vor. Allerdings lässt sich das Risiko an dieser Stelle nicht bestimmen. Der Markt bewegt sich weiter seitwärts, und tatsächlich bestätigt wird das Niveau erst durch den zweiten langen Schatten. Damit ist klar, dass dort eine neue Unterstützung liegt und ein Aufwärtstrend bevorstehen dürfte.

Betrachten wir ein weiteres Beispiel, bei dem es darum geht, Chance und Risiko zu ermitteln. In Abbildung 13.20 tritt ein klar ausgeprägtes Bullish Engulfing Pattern auf, aber eine unabhängige Bestätigung fehlt. Wie sich zeigt, fällt der Kurs, obwohl man einen Anstieg erwarten würde. Das verdeutlicht, dass einige – und selbst sehr aussagekräftige – Muster Fehlsignale sind. Aus diesem Grund ist eine Bestätigung erforderlich, um mit dem richtigen Timing das Risiko zu senken und den Ertrag zu maximieren.

Abbildung 13.20: Chance-Risiko-Verhältnis muss bestätigt werden

Oft erfolgt eine Bestätigung in Form einer nachfolgenden Candlestick-Formation wie in Abbildung 13.21. Hier erscheint zunächst ein Fenster und direkt darauf ein Bearish Engulfing Pattern. Man würde nun wohl erwarten, dass der Kurs – wie nach dieser Formation häufig – fällt und die Lücke schließt. Doch fehlt die Bestätigung, und daher ist es besser, noch abzuwarten. In der Tat klettert der Kurs der Kerzenformation zum Trotz weiter, bis das zweite Umkehrsignal erscheint – die Dark Cloud Cover. Dies ist ein deutlicher Hinweis auf eine Abwärtswende und passt perfekt hierher: Es untermauert, was das Bearish Engulfing Pattern viel zu früh vorhergesagt hatte.

Abbildung 13.21: Spätere Candlestick-Bestätigung

Abbildung 13.22: Candlesticks und Kapitalschutz

Kursverläufe, bei denen Muster zu früh auftreten und der Markt erst später die signalisierte Richtung einschlägt, verdeutlichen einen der größten Nutzen der Candlestick-Analyse: Sie trägt zum Kapitalschutz bei. Im Chart der Abbildung 13.22 erreicht der Markt ein neues Hoch, und gleichzeitig erscheint eine High-Wave-Kerze. Diese Formation kündigt das Ende des steigenden Trends an und ist ein deutliches Ausstiegssignal. In der Tat setzt unmittelbar eine Abwärtsbewegung ein. Indem Sie solche Muster nutzen, um Ihr Timing zu verbessern, schützen Sie Ihr Kapital und steigern Ihren Gewinn.

Unter dem Strich sollten Sie also immer nach möglichst vielen Bestätigungssignalen Ausschau halten. Dazu gehört auch, östliche und westliche Muster und Indikatoren gleichzeitig zu nutzen. Auf keinen Fall sollten Sie nur einer der beiden Richtungen anhängen, denn dann übersehen Sie möglicherweise wichtige, deutlich erkennbare Bestätigungs- oder Warnsignale. In Abbildung 13.23 sehen Sie ein Diagramm mit zahlreichen sich gegenseitig stützenden Mustern.

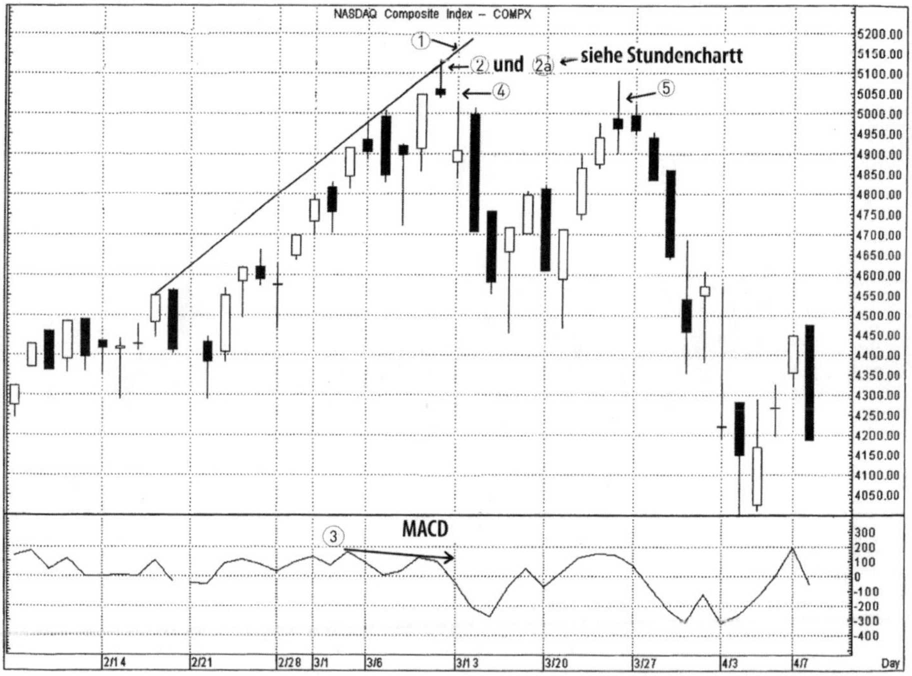

Abbildung 13.23: Wechselseitige Bestätigung

Links verläuft eine steigende Trendlinie, ein steigender Widerstand. Natürlich wissen Sie, dass jeder Trend ausläuft, und auch eine steile Widerstandslinie bildet keine Ausnahme. Im Chart endet die Linie (1) mit einem Shooting Star (2), der das erste Mal eine bevorstehende Trendwende anzeigt. Gleichzeitig liegt dort (2a) ein Bearish Engulfing Pattern, das in der gewählten Darstellung nicht erkennbar ist, aber im Ein-Stunden-Chart sofort auffällt (s. Abbildung 13.24). Ferner liegt negative Divergenz des Indikators vor.

Abbildung 13.24: Ein-Stunden-Chart – Bearish Engulfing Pattern

Noch während die Trendlinie intakt ist, verliert die Aufwärtsbewegung an Kraft, was sich im MACD spiegelt. Dann bildet sich ein winziges Fenster (4), der Kurs sackt ab und zieht wieder an. Die letzte Lücke tut sich bei (5) auf, vor der High Wave Candle. Danach gibt der Markt rasch nach.

Diese Zusammenschau zeigt, wie sich östliche und westliche Signale ergänzen. In Kombination ermöglichen sie eine präzise Interpretation des Diagramms und ein besseres Timing. Das durch (2a) bezeichnete Muster wird erst im Ein-Stunden-Chart in Abbildung 13.24 sichtbar.

Hier ist ein Bearish Engulfing Pattern eindeutig erkennbar. Nach dem Hoch folgen eine kurze Seitwärtsbewegung und dann ein großes Abwärtsfenster. Bei dieser Periodenlänge ist gut ersichtlich, dass die Aufwärtsbewegung zu Ende ist. Es gilt also nicht nur, östliche und westliche Analyse gleichzeitig anzuwenden, sondern den Kursverlauf zusätzlich in mehreren Zeitfenstern zu betrachten.

13.3 Fazit

Candlesticks tragen viele wichtige Erkenntnisse zur technischen Analysen bei. Verwenden Sie Kerzen jedoch immer zusammen mit anderen Werkzeugen, nie isoliert! Ich will nicht erreichen, dass Analysten von den etablierten westlichen Formen der Analysen abrücken, sondern dass sie Candlesticks als Ergänzung ihres Instrumentariums begreifen.

Sicher haben Sie das Sprichwort gehört: „Gib einem Mann einen Fisch, und du ernährst ihn für einen Tag. Lehre einen Mann zu fischen, und du ernährst ihn für sein Leben." Ich hoffe, die Beispiele und Ausführungen dieses Buchs zeigen Ihnen, wie Sie selbst ein wenig fischen können. Durch konzentriertes Studium und Beobachtung ist es Ihnen sicher möglich, das Geheimnis der Candlestick-Charts zu ergründen. Aus meiner Sicht lassen sich Wendepunkte mit keinem anderen Instrument so präzise erkennen – und auch wenn Kerzenmuster keine Trefferquote von hundert Prozent bieten, sind sie fast immer aussagekräftiger als alle anderen mir bekannten Methoden. Besonders spannend ist für mich, wie gut östliche Signale westliche Analysemethoden ergänzen und bestätigen. Sie gleichen den zwei Rädern eines Karrens: Jedes stützt seine Seite, aber beide sind nötig, damit der Karren fahren kann.

13.4 Fragen zum Selbsttest

1. Das Prinzip „Candlesticks im Marktumfeld“ bezieht sich auf

   a. die Tatsache, dass Muster für sämtliche Zeitfenster gültig sind

   b. das Verhältnis von Kerzenformationen und westlichen Indikatoren

   c. die Deutung von Signalen, die in der Nähe neuer Hochs oder Tiefs auftreten.

   d. Alle Antworten sind richtig.

2. Momentum-Trader sollten

   a. bei ihren Handelsentscheidungen ausschließlich aufwärtsgerichtete („bullische“) Signale berücksichtigen, da diese stärker sind als die meisten abwärtsweisenden („bärischen“) Muster

   b. nur auf besonders aussagekräftige Kerzenmuster reagieren

   c. kürzere Zeitfenster nutzen, um deutliche Umkehrformationen zu finden.

   d. Alle Antworten sind richtig.

3. Um nicht auf Fehlsignale hereinzufallen, sollten Trader

   a. auf Bestätigung achten, sowohl durch östliche als auch westliche Muster und Indikatoren

   b. Oszillatoren nutzen, denn diese liefern besonders zuverlässige Signale, vor allem wenn sie divergieren

   c. vor allem Folgen aus mehreren Candlestick-Formationen berücksichtigen; nur sie bieten bei der Suche nach Umkehrpunkten Sicherheit.

d. Alle Antworten sind richtig.

4. Als Indikator-Konfluenz bezeichnet man

   a. das Kreuzen von Widerstand und Unterstützung bei einem Trendwechsel

   b. bei einem Engulfing Pattern den Berührungspunkt etwa in der Mitte des vorherigen Kerzenkörpers

   c. die Bestätigung eines Signals durch ein anderes, wobei auch Kombinationen aus östlichen und westlichen Instrumenten möglich sind

   d. den Punkt, an dem ein Oszillator das Vorzeichen wechselt.

5. Das Chance-Risiko-Verhältnis spielt eine wichtige Rolle

   a. dabei, wie Candlesticks zu einem besseren Timing von Ein- und Ausstiegen beitragen

   b. bei der gegenseitigen Bestätigung von Signalen

   c. um durch die Analyse des Marktumfelds Fehlsignale auszumachen.

   d. Alle Antworten sind richtig.

Ihre Antworten können Sie auf Seite 224 überprüfen.

14. Lösungen

Kapitel 1:
1b, 2d, 3b, 4a, 5d

Kapitel 2:
1c, 2b, 3c, 4,a

Kapitel 3:
1c, 2d, 3a, 4b, 5d

Kapitel 4:
1d, 2b, 3a, 4c, 5c

Kapitel 5:
1b, 2d, 3a, 4b, 5b

Kapitel 6:
1c, 2a, 3d, 4d, 5a

Kapitel 7:
1c, 2a, 3b, 4a, 5c

Kapitel 8:
1c, 2a, 3c, 4b, 5d

Kapitel 9:
1c, 2a, 3c, 4d, 5a

Kapitel 10:
1c, 2c, 3d, 4b, 5b

Kapitel 11:
1d, 2a, 3b, 4b, 5c

Kapitel 12:
1d, 2b, 3a, 4a, 5b

Kapitel 13:
1d, 2c, 3a, 4c, 5d